SIMPLISSIME

Portugal

DER PRAKTISCHSTE REISEFÜHRER DER WELT

EINFACH LOS!

WAS IST DAS BESONDERE AN DIESEM REISEFÜHRER?

– Es ist ein Reiseführer für alle Reisenden und alle Arten von Reisen: mit der Familie oder mit Freunden, für jedes Budget, mit dem Auto oder mit öffentlichen Verkehrsmitteln.
– Sie finden sämtliche Informationen, die Sie brauchen, um Ihren Urlaub gut vorzubereiten.
– Es ist ein Buch, das sich auf das Wesentliche einer Reise konzentriert, damit Sie nichts von dem verpassen, was man unbedingt gesehen haben muss.
– Das Buch hat eine Autorin, die ihre Lieblingsadressen nennt: Restaurants mit lokalen Spezialitäten, Bars und Cafés für entspannte Pausen, die lohnendsten Sehenswürdigkeiten und vieles andere mehr.

Dieses Buch besteht aus vier Teilen:

• **Praktische Infos** über das Reiseziel: Klima, Gesundheitsversorgung, Lebenshaltungskosten, Transport, Unterkunft und mehr – alle praktischen Dinge, die Sie zur Vorbereitung Ihres Urlaubs und für eine entspannte Zeit vor Ort benötigen.
• Die **Themen des Landes**: Dieser Abschnitt hilft Ihnen bei der Planung Ihrer Reise. Suchen Sie sich hier Ihre persönlichen Highlights aus.
• Die **Touren:** drei Tourenvorschläge für Portugal (eine im Norden, eine in der Mitte und eine im Süden). Jede wird ausführlich mit **Zwischenstopps** beschrieben. Sie erhalten Tipps für Besichtigungen, Aktivitäten, gute Adressen und **detaillierte Routen**, um von einem Zwischenstopp zum anderen zu gelangen. Manchmal schlagen wir auch vor, einen Abstecher in Form eines **Tagesausflugs** zu machen.
• Ein sehr **praktisches Register**, das viele nützliche Informationen und Öffnungszeiten für einzelne Sehenswürdigkeiten auflistet.

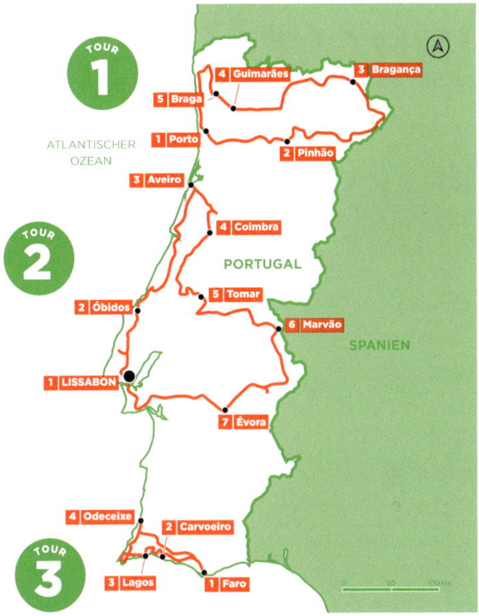

Womit anfangen?

Wählen Sie die Region Portugals, die Sie besuchen möchten: **Tour 1** (Porto und das Douro-Tal, S. 40), **Tour 2** (Lissabon und das Herz von Portugal, S. 96) oder **Tour 3** (Die Algarve, S. 178).

Vor der Abreise

Buchen Sie Ihren Flug (S. 10) und Ihre Unterkunft (S. 13) entsprechend den vorgeschlagenen Zwischenstopps. Die Flüge und Entfernungen sind ab Frankfurt angegeben, die Einreiseformalitäten gelten für deutsche Staatsangehörige.

Öffnungszeiten

Sind Sehenswürdigkeiten an bestimmten Tagen geschlossen, vermerken wir dies. Weitere Informationen finden Sie im Register oder auf der entsprechenden Internetseite.

Reservierungen

Für manche Sehenswürdigkeiten müssen Sie Tickets im Voraus buchen. Darauf weisen wir immer hin.

Sind Sie bereit? Dann lesen Sie weiter und genießen Sie Ihre Reise!

INHALT

PRAKTISCHE INFOS

DIE THEMEN DES LANDES

TOUREN

TOUR 1

TOUR 2

LISSABON UND DAS HERZ VON PORTUGAL 96

TOUR 3

DIE ALGARVE: ZWISCHEN SERRA UND KÜSTE 178

Bereiten Sie Ihre Reise vor und genießen Sie Ihren Urlaub, ohne etwas von dem Land zu verpassen. Reisen Sie durch die pulsierenden und farbenfrohen Städte Lissabon und Porto, aber auch durch die Algarve mit ihren versteckten Buchten und goldenen Stränden. Bewundern Sie weiße Dörfer, hoch gelegene Schlösser und Azulejo-Fassaden, probieren Sie die portugiesische Küche, die nicht nur aus Kabeljau besteht (man denke nur an die kleinen Puddings, die *pastéis de nata*), und nutzen Sie die Adressen, um eine gute Zeit zu verbringen.
Wenn Sie von Portugal träumen, fahren Sie einfach hin!

100 % PORTUGAL

Die Lieblingsadressen der Portugiesen finden Sie, wenn Sie dieses Piktogramm entdecken. Es steht bei den von **Sabrina Pessanha Foucaud** ausgewählten Orten. Sabrina ist leidenschaftliche Reisebloggerin (www.detoursdumonde.fr) und liebt Portugal über alles. So oft wie möglich kehrt sie in das Heimatland ihres Vaters zurück.

PORTUGAL IN KÜRZE

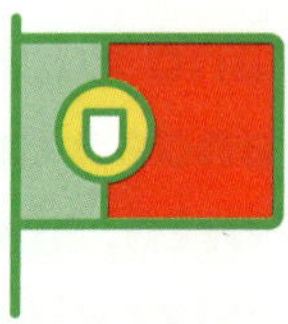

Portugal
Hauptstadt: Lissabon

3 Std. Flugzeit
von Lissabon nach Frankfurt

Gültiger Personalausweis oder Reisepass

Zeitverschiebung
1 Std.: 11 Uhr in Berlin = 10 Uhr in Lissabon

Portugiesisch
und sehr oft Französisch, Englisch oder Spanisch.

Euro (€)

10,3 Mio. Einwohner
In Portugal leben dreimal so viele Menschen wie in Berlin.

92 000 km²
Deutschland ist knapp viermal so groß wie Portugal.

ATLANTISCHER OZEAN
Braga
Bragança
Guimarães
Porto
Pinhão
Aveiro
Coimbra
PORTUGAL
Tomar
Óbidos
Marvão
SPANIEN
LISBOA (LISSABON)
Évora
Odeceixe
ALGARVE
Lagos
Carvoeiro
Faro
Tavira
0
50
100 km

ANREISE

FLUGZEUG

Drei große internationale Flughäfen (Lissabon, Porto und Faro) werden von Deutschland aus angeflogen.
Zahlreiche Direktflüge werden von TAP Air Portugal, Lufthansa, Eurowings und RyanAir durchgeführt. Die portugiesische Fluggesellschaft TAP bietet Inlandsflüge an.
Flugzeit: Frankfurt – Porto 2h40, Frankfurt – Lissabon 3h, Frankfurt – Faro 3h15.

PREIS FÜR EIN RÜCKFLUGTICKET

von Frankfurt nach Porto, Lissabon und Faro

170 €	**Durchschnittlicher Preis**
100 €	**Guter Preis**
50 €	**Super Preis!**
160 €	**Durchschnittlicher Preis**
100 €	**Guter Preis**
60 €	**Super Preis!**
215 €	**Durchschnittlicher Preis**
125 €	**Guter Preis**
70 €	**Super Preis!**

GUT ZU WISSEN

Die Preise sind im Jahresdurchschnitt angegeben. In der Hochsaison (Mai–August) liegen sie höher. Im Januar und im November sind sie am niedrigsten.

KLIMA

KLIMA

Trockene, heiße Sommer (heiß im Süden und im Landesinneren, bis zu 40 °C im Alentejo), milde Winter (kann regnerisch und windig sein, besonders im Norden).

BESTE REISEZEIT

Mai–Juni, September, um dem Regen im Winter und der Hitze im Sommer zu entgehen. **Juli–August** zum Baden, aber die Strände sind voll.

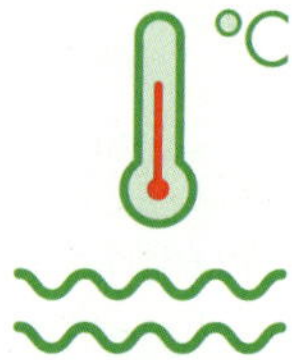

WASSER-TEMPERATUREN

16 °C (Winter) bis 21 °C (Sommer) an der **Algarve**. 15 °C im Durchschnitt an der **Atlantikküste**.

TEMPERATUREN LISSABON

(Min./Max.)

Frühling: 11/26 °C
Sommer: 17/28 °C
Herbst: 12/23 °C
Winter: 8/15 °C

TEMPERATUREN PORTO

(Min./Max.)

Frühling: 9/23 °C
Sommer: 14/25 °C
Herbst: 8/21 °C
Winter: 5/16 °C

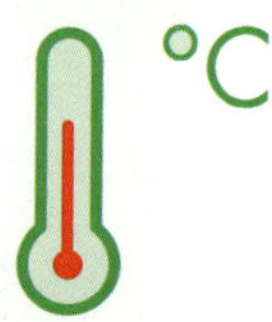

TEMPERATUREN FARO

(Min./Max.)

Frühling: 12/27 °C
Sommer: 18/29 °C
Herbst: 11/23 °C
Winter: 8/19 °C

ÜBERNACHTEN

HOTELS UND *POUSADAS*

- Neben Privatunterkünften finden Sie im Zentrum von Lissabon viele Hotels zu fairen Preisen.
- Für Lissabon und Porto sollten Sie das ganze Jahr über, für die Algarve im Sommer weit im Voraus buchen.
- Einen außergewöhnlichen Aufenthalt genießen Sie in einer der **pousadas**: Schlösser, Paläste oder Klöster, die in Luxushotels umgewandelt wurden, www.pousadas.pt.

HOSTEL UND *PENSÃO*

- Modern und für alle offen sind die zahlreichen **Hostels** (**Jugendherbergen**; privat oder dem Jugendherbergsverband angeschlossen, www.pousadasjuventude.pt).
- **Pensionen** (***pensão***), oft familiengeführt, sind ideal, um Portugiesen kennenzulernen. Im Sommer kann man in den Dörfern und Badeorten ein Zimmer bei einer Privatperson (*quarto*) mieten.

AGROTOURISMUS

Portugal bietet viele Möglichkeiten für einen Aufenthalt für Agrotourismus: in einer **Unterkunft auf dem Land**, in einer ***quinta*** (einem Bauernhof, oft ein großes Landgut oder sogar ein Weingut) oder in einem **Herrenhaus** (*solar*) (www.solaresdeportugal.pt).

UNTERWEGS

MIETWAGEN

- Ein Auto ist unerlässlich, um Dörfer zu erreichen oder Naturparks zu erkunden, die in einigen Gebieten nicht von öffentlichen Verkehrsmitteln bedient werden.
- Die meisten Vermieter verlangen eine Kreditkarte, keine Debitkarte (erkundigen Sie sich bei Ihrer Bank, welche Art von Karte Sie haben).
- Man muss mindestens 21 bis 25 Jahre alt sein (je nach Agentur) und einen Pass oder Personalausweis sowie einen seit mehr als einem Jahr gültigen Führerschein vorlegen.
- Strafzettel müssen sofort bezahlt werden, andernfalls werden die Papiere oder das Fahrzeug konfisziert.

MAUT

Es gibt zwei Arten:

- Konventionelle Maut: Bargeld, Kreditkarte oder Via-Verde-Transponder (www.viaverde.pt).
- Elektronische Maut (»Electronic toll only«): Durchfahrt durch ein Portal. Mietwagen sind in der Regel mit einem elektronischem Gerät ausgestattet (Durchfahrtskosten werden auf die Rechnung aufgeschlagen). Bei nicht ausgestatteten Fahrzeugen: Zahlung in Postämtern (CTT) oder »Rede Payshop«-Büros ab dem zweiten Tag und bis spätestens fünf Tage nach Durchfahrt durch das Mautportal. (Infos zur Zahlungsweise für ausländische Autos: www.portugaltolls.com).

BEIFAHRER
müssen mindestens 12 Jahre alt sein.

ABBLENDLICHT
ist auf bestimmten Straßen vorgeschrieben. Es drohen Bußgelder!

PARKEN

Parken Sie nicht vor blauen oder weißen Schildern mit rotem Balken oder einem gelb oder rot markierten Bürgersteig. Es gibt nur wenige kostenlose Parkplätze. Meist brauchen Sie Kleingeld oder eine Parkkarte (erhältlich in Kiosken und Tabakläden).

TANKEN

Bleifrei (*sem chumbo*) 95, Bleifrei 98 (98 Oktan), Diesel (*gasóleo*) und Flüssiggas (LPG). Tankstellen sind von 7 Uhr bis Mitternacht oder rund um die Uhr geöffnet. Benzin (*gasolina*) ist etwa so teuer wie in Deutschland, manchmal sogar teurer.

PROMILLEGRENZE

In Portugal gilt, wie in Deutschland, eine Promillegrenze von 0,5.

GESCHWINDIGKEITS-BESCHRÄNKUNGEN

Innerhalb geschlossener Ortschaften
50 km/h

Außerhalb geschlossener Ortschaften
90 km/h

Schnellstraßen
100 km/h

Autobahnen
120 km/h

BUS UND ZUG

- Gutes Busnetz im ganzen Land. www.rede-expressos.pt (nationale Busgesellschaft), www.rodonorte.pt, www.eva-bus.com
- Züge sind billiger als Busse, fahren aber seltener. Ein dichtes Netz bedient die Küste von Nord nach Süd und die wichtigsten Städte im Landesinneren. www.cp.pt

GELD

BARGELDLOS ZAHLEN

Kartenzahlungen sind kostenlos, für Abhebungen gelten die gleichen Gebühren wie in Deutschland (bei den meisten Bankkarten gebührenfrei). Erkundigen Sie sich bei Ihrer Bank nach den Höchstgrenzen für Zahlungen und Abhebungen im Ausland. Achtung: Einige Restaurants und Geschäfte, auch in Großstädten, akzeptieren nur Barzahlung.

AUSGABEN

Niedriger als in Deutschland.

- 50–80 € für eine Nacht in einem 2-Sterne-Hotel.
- ca. 8–15 € für eine Mahlzeit in einer *tasca* (Taverne, Bistro, Familiengasthof).
- ca. 15–40 € für eine Mahlzeit in einem Restaurant.
- 0,70–0,80 € für einen Kaffee an der Theke.
- 1–2 € für ein Bier.
- ca. 50 € für eine Dinnershow in einer *casa de fado*.
- 1,50–10 € für Besichtigungen.

RESTAURANT

- Im Restaurant werden *petiscos* (Häppchen, die vor dem Essen serviert werden), Wasser (gibt es immer in Flaschen), Brot und Besteck berechnet. Lehnen Sie alles ab, was Sie nicht konsumieren möchten.
- Großzügige Portionen in kleinen, preiswerten Lokalen. Tipp: Fragen Sie nach einer *meia dose* (halbe Portion), die für eine Person ausreicht, oder nach einer *dose* (Portion), die sich zwei Personen teilen.

ERMÄSSIGUNGEN

- Für 15–25-jährige und über 65-jährige in den Museen.
- *Prato do dia* (Tagesgericht), günstiger als Gerichte à la carte.
- Angebote: *refeição completa* oder *ementa turística* (Touristenmenü).

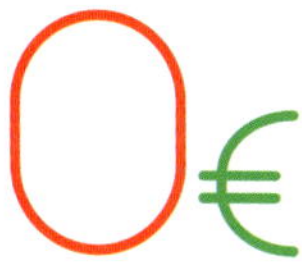

FREIER EINTRITT

Nationalmuseen und -denkmäler (IMC) gewähren oft am 1. Sonntag des Monats freien Eintritt.

CITY CARD

Mit der Lisboa Card (www.lisboacard.org) und der Porto Card unbegrenzte Nutzung der öffentlichen Verkehrsmittel, freier Eintritt und Ermäßigungen in Museen, Denkmälern und auf Touren.

TRINKGELD

freiwillig

IM ALLTAG

ÖFFNUNGSZEITEN

- Gegessen wird später als in Deutschland.
- Geschäfte 9–13 und 15–19 Uhr (Sa Nachmittag und So geschl.), Einkaufszentren tgl. 10–22 Uhr.
- Museen Mo geschl.

RAUCHEN

In geschlossenen öffentlichen Räumen ist das Rauchen verboten. Einige Restaurants, Bars und Clubs können über einen Raucherbereich verfügen, wenn dieser gut belüftet ist.

PETISCOS

Im Restaurant werden *petiscos* (Tapas) automatisch serviert, ohne dass Sie sie bestellt haben. Sie werden berechnet, sobald Sie sie essen. Sie können sie natürlich ablehnen.

TOURISTINFO

Die *postos de turismo* sind an dem Schild *turismo* zu erkennen. www.visitportugal.com

EIN WENIG PORTUGIESISCH

Guten Tag: olá, bom dia (Vormittag), boa tarde (Nachmittag), boa noite (Abend)
Auf Wiedersehen: adeus
Entschuldigung: desculpe
Bitte: por favor, faz favor
Danke: obrigado (bei einem Mann) / obrigada (bei einer Frau)
Sprechen Sie deutsch?: fala alemão?
Ja/nein: sim/não

FESTE UND FEIERTAGE

1. Januar	Neujahr
Februar/März	Karneval
März/April	Karfreitag
25. April	*Dia da Liberdade* (Nelkenrevolution 1974)
1. Mai	Tag der Arbeit
Mai/Juni	Fronleichnam
10. Juni	Nationalfeiertag
15. August	Mariä Himmelfahrt
5. Oktober	*Dia da República* (Sturz der Monarchie 1910)
1. November	Allerheiligen
1. Dezember	*Dia de Restauração* (Unabhängigkeit von Spanien 1640)
8. Dezember	Unbefleckte Empfängnis
25. Dezember	Weihnachten

Eigene **städtische Feiertage** gibt es in jeder Stadt. Erkundigen Sie sich nach dem Feiertag der Stadt, in die Sie reisen wollen (13. Juni in Lissabon, die *festas de Lisboa* dauern sogar den ganzen Juni an, 24. Juni in Porto).

ROMARIAS

Religiöse Feste zu Ehren der Jungfrau Maria oder des Stadtheiligen. Religiöse Prozessionen, Tänze, Gesang, Aufführungen, Feuerwerk: ein Konzentrat aus Freude und portugiesischen Traditionen!

SEMANA SANTA

Die spektakulärsten Prozessionen der **Karwoche** finden in Braga statt (Fackelprozessionen, barfüßige Büßer). Es ist auch die Eröffnung der Saison der Touradas (portugiesische Stierkämpfe).

PRAKTISCHE INFO

Außer am 1. Januar, Ostersonntag, 1. Mai und 25. Dezember sind einige Geschäfte und Sehenswürdigkeiten an Feiertagen geöffnet.

TELEFON UND INTERNET

In Portugal bestehen die Telefonnummern (Festnetz und Handy) aus 9 Ziffern. Festnetznummern beginnen mit 2, Handynummern mit 9.

GEBÜHREN

Auch wenn Roaminggebühren im EU-Ausland nicht mehr erhoben werden, kann das Herunterladen von Daten schnell ins Geld gehen. Bevor Sie Ihr Limit überschreiten, erhalten Sie in der Regel eine Warnung Ihres Anbieters. Wer im Urlaub viel online unterwegs sein möchte, kann Datenpakete extra erwerben.

GESUNDHEIT UND SICHERHEIT

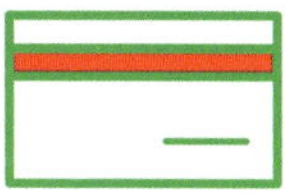

112

GESUNDHEIT

Vor dem Urlaub sollten Sie sich eine **Europäische Krankenversicherungskarte** (EHIC) besorgen, damit die Kosten für die medizinische Versorgung vor Ort übernommen werden. Bei einer Behandlung im Krankenhaus muss man sich auf sehr lange Wartezeiten einrichten.

VORSICHT BEIM BADEN!
Wellen und Strömungen sind vor allem am Atlantik manchmal heftig!

NOTFALL

SICHERHEIT

- Achten Sie auf Taschendiebe an Sehenswürdigkeiten und in Lissabons Straßenbahnen Nr. 28 und Nr. 15.
- Lassen Sie nichts offen im Auto liegen. Einige Parkplätze werden gegen ein Trinkgeld gut bewacht.
- Vorsicht auf der Straße, es gibt viele sportliche Fahrer, die die Geschwindigkeitsbeschränkungen ignorieren.

TRAUMSTRÄNDE

Portinho da Arrábida
Ein Strand am Atlantik mit mediterranem Flair.

Praia da Falésia
Gesäumt von ocker-farbenen Klippen.

Praia da Marinha
Weißer Sand, klares Wasser, goldene Felsen.

Praia de Dona Ana und praia do Camilo
Traumhafte Buchten.

Praia de Odeceixe
Einmaliger Strand zwi-schen Fluss und Meer.

Praia da Ilha de Tavira
Kilometerlanger Sand-strand auf Tavira.

ATLANTISCHER
OZEAN
Braga
Guimarães
Bragança
Porto
Pinhão
Aveiro
Coimbra
Tomar
Óbidos
Marvão
LISBOA
(LISSABON)
PORTUGAL
SPANIEN
S. 177
Portinho da Arrábida
Évora
S. 222
Odeceixe
Praia de Odeceixe
Praia da
Marinha
S. 216
Lagos
S. 205
S. 198
S. 194
Tavira
Faro
Praia de Dona Ana
und praia do Camilo
Praia
da Falésia
Praia da
Ilha de Tavira
0
50
100 km

KULINARISCHE SPEZIALITÄTEN

Feijoada
Bohneneintopf mit Schweinefleisch.

Bacalhau
Es gibt 365 Möglichkeiten, Kabeljau zuzubereiten!

Cozido à Portuguesa
Der portugiesische Eintopf.

Francesinha
Sandwich mit würziger Soße aus Porto.

Caldeirada de peixe
Die portugiesische Version der Bouillabaisse!

Açorda
Suppe aus Brot, Koriander, Ei und Knoblauch.

Cataplana
Cocotte mit Muscheln und Meeresfrüchten.

Caldo verde
Grüne Kohlsuppe mit Chorizo aus Minho.

Pastéis de nata
Cremige Puddingtörtchen, manchmal mit Zimt.

Taberna dos Mercadores
Rua dos Mercadores 32,
Porto

Açorda de mariscos (Suppe mit Meeresfrüchten), *cozido* und *jeijoada* werden hier perfekt zubereitet. Eine gute Wahl!

Brasão Cervejaria
Rua Ramalho Ortigão 28,
Porto

»Hier gibt es sicher eine der besten *francesinhas* in Porto! Ich mag den Service und die nette Umgebung.«

Pastéis de Belém
Rua de Belém 84,
Lissabon

Legendäre Adresse in Lissabon, um die berühmten *pastéis de nata* zu probieren. Eine Köstlichkeit, aber Sie müssen Schlange stehen. Wenn Sie drinnen sitzen, geht es schneller!

PORTWEIN, VINHO VERDE UND ANDERE WEINE

PORTWEIN

Der Star unter den portugiesischen Weinen! Portwein wird in der Region Alto Douro hergestellt, reift aber in den Weinkellern von Vila Nova de Gaia, gegenüber von Porto, wo die großen Häuser versammelt sind: Taylor's, Graham's, Cockburn's, Sandeman…

Taylor's
Eines der ältesten Portweinhäuser in Gaia.

PORTWEIN-ABC

- Es gibt nicht den einen Portwein, sondern verschiedene. Von der Einstiegsklasse bis zu außergewöhnlichen Flaschen: Ruby, Tawny, LBV (Late Bottled Vintage) und Vintage.
- Besuche und Verkostungen in den *quintas* (Weingütern) und Portweinkellern von Vila Nova de Gaia.

DIE GESCHICHTE ZUM PORTWEIN

Die Engländer erfanden den Portwein angeblich im 17. Jh., indem sie den Douro-Weinen zur Stärkung Brandy zusetzten, bevor sie sie nach England verschifften. Diese Weine wurden dann nach dem Hafen benannt, von dem aus sie exportiert wurden: Porto.

VINHO VERDE…

Dieser leichte, spritzige Wein hat keine grüne Farbe, sondern wird grün (*verde*), also jung, getrunken. Er wird in der Region Minho und im unteren Douro-Tal hergestellt. Die Portugiesen lieben ihn als Aperitif, gut gekühlt und mit ein paar *petiscos* (Tapas) serviert!

…UND ANDERE WEINE

Portugal produziert auch hochwertige Weiß- und Rotweine sowie den berühmten Roséwein *mateus* und den *moscatel*, einen Süßwein. Nicht zu vergessen ist der *ginjinha*, der berühmte Sauerkirschlikör, den man am besten an der Theke einer *ginjinha*-Bar genießt!

Das Douro-Tal
Die Wiege des Portweins ist eines der schönsten und ältesten Weinanbaugebiete Europas und gehört zum UNESCO-Weltkulturerbe.

Quinta Nova à Covas do Douro
Besichtigung und Portweinprobe mit einem herrlichen Panoramablick auf die Weinterrassen, die sich vom Ufer des Douro aus erstrecken.

Wine Quay Bar
Muro dos Bacalhoeiros 111–112, **Porto**

»Atemberaubende Aussicht auf den Douro. Eine gute Adresse, um portugiesische Weine und hochwertige Tapas zu probieren.«

AZULEJOS

Nationale Kunst!

Die allgegenwärtigen kleinen handbemalten Keramikfliesen sind seit dem 15. Jh. das beliebteste Dekorationsmaterial in Portugal. Man findet sie an Fassaden, in fürstlichen Innenräumen, Klöstern, Palastgärten, Bahnhöfen und sogar in der U-Bahn von Lissabon!

Bahnhof von São Bento (Porto) Illustrierte Geschichte des Verkehrswesens.

Die Fassaden von Lissabon und Porto Ein Fest für die Augen!

Kloster São Vicente (Lissabon) Fabeln von La Fontaine.

Museu Nacional do Azulejo (Lissabon) Die ganze Azulejo-Kunst.

Kirche São Lourenço (Almancil) Barockes Wunder in Weiß und Blau.

Braga
Bragança
Guimarães
S. 54
Bahnhof von São Bento
Porto
Pinhão
ATLANTISCHER
OZEAN
Aveiro
Coimbra
PORTUGAL
Tomar
Óbidos
Marvão
Kloster São Vicente,
Museu Nacional do Azulejo
S. 112
S. 112
SPANIEN
LISBOA
(LISSABON)
Évora
Odeceixe
Kirche
São Lourenço
Lagos
S. 196
Carvoeiro
Tavira
Faro
0
50
100 km

MALERISCHE DÖRFER

Óbidos
Ein bezauberndes mittelalterliches Labyrinth.

Costa Nova
Farbenfrohe Fischerhäuser.

Castelo de Vide
Weißes Städtchen, blumengeschmückte Straßen.

Marvão
Das schönste hoch gelegene Dorf im Alentejo.

Monsaraz
Kleine befestigte Stadt, von Malern geliebt.

Cacela Velha
Weiß und blau wie ein griechisches Dorf.

ATLANTISCHER OZEAN
Braga
Bragança
Guimarães
Porto
Pinhão
S. 146
Aveiro
Costa Nova
Coimbra
S. 134
Tomar
Óbidos
Castelo de Vide
S. 163
S. 164
Marvão
LISBOA (LISSABON)
PORTUGAL
SPANIEN
Évora
S. 174
Monsaraz
Odeceixe
Carvoeiro
S. 194
Tavira
Lagos
Faro
Cacela Velha
0
50
100 km

EIN WENIG GESCHICHTE

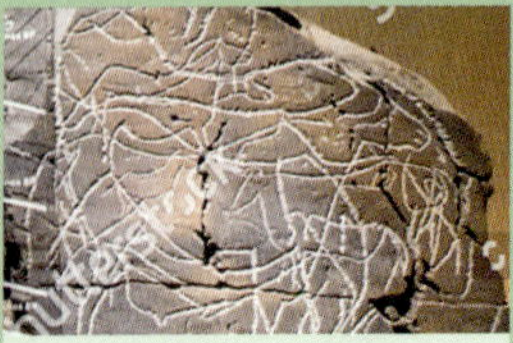

30 000 v. Chr.
Felszeichnungen

Die Menschen der Altsteinzeit zeichnen auf die Felsen im Côa-Tal, eine der größten Stätten prähistorischer Kunst.

5000 v. Chr.
Dolmen und *citânias*

Die Völker der Jungsteinzeit errichten Megalithen. 700 v. Chr.: Die Kelten errichten befestigte Dörfer (*citânias*) wie Briteiros.

2. Jh. v. Chr.
Römische Invasion

Ermordung von Viriathe, Anführer der Lusitanier und erster Nationalheld. 600 Jahre römische Herrschaft. Weinreben und Olivenbäume werden eingeführt.

711
Maurische Eroberung und Reconquista

Die Mauren errichten Burgen (Silves, Castelo dos Mouros) und Moscheen. Periode des Wohlstands. Beginn der Reconquista.

1139
Die Geburt Portugals

Dom Afonso Henriques besiegt die Mauren bei Ourique und ernennt sich zum ersten König von Portugal. 1249: Ende der muslimischen Besatzung in Portugal.

15. Jh.
Große Entdeckungen

Portugiesische Seefahrer entdecken Madeira, die Azoren und die Kapverdischen Inseln. Vasco da Gama erreicht Indien (1498). Goldenes Zeitalter Portugals.

16. Jh.
Große Entdeckungen

Cabral entdeckt Brasilien (1500), Magellan unternimmt die erste Weltumsegelung (1519–1522). Spanien und Portugal teilen die Neue Welt unter sich auf.

1580
Spanische Vorherrschaft

Nach dem Tod von König Sebastian I. im Jahr 1578 gerät Portugal bis 1640 unter spanische Herrschaft. Ende des goldenen Zeitalters Portugals.

1755
Erdbeben von Lissabon

Ein Erdbeben verwüstet Lissabon (mindestens 40 000 Opfer) und einen großen Teil des Südens des Landes. Wiederaufbau im Barockstil.

1928–1968
Salazar-Diktatur

Nach einem Militärputsch 1926 wird Portugal zu einer Diktatur unter der Führung von Salazar. Es herrschen Unterdrückung und Zensur.

1974
Nelkenrevolution

Der unblutige Militärputsch vom 25. April 1974 ebnet den Weg zur Demokratie. Die Bevölkerung schenkt den Soldaten Nelken, die als Embleme der Revolution gelten.

1986
Europäische Gemeinschaft

Mário Soares wird als erster Zivilist seit 60 Jahren zum Präsidenten Portugals gewählt. Portugal tritt der Europäischen Gemeinschaft bei.

PALÄSTE UND SCHLÖSSER

Solar de Mateus
Außerordentlich barock.

Palácio de Sintra
Sommerpalast der Könige.

Palácio da Pena
Ein romantischer Hauch.

Palácio de Queluz
Das portugiesische Versailles.

Palácio de Mafra
Größenwahn.

Castelo do Almourol
Wie aus einem Märchen.

ATLANTISCHER
OZEAN
Braga
Bragança
Guimarães
S. 65
Solar de Mateus
Porto
Pinhão
Aveiro
Coimbra
PORTUGAL
Tomar
S. 162
Óbidos
Castelo
do Almourol
Marvão
Palácio
de Mafra
S. 132
S. 128
S. .132
alácios de Sintra
und da Pena
Palácio de Queluz
LISBOA
(LISSABON)
SPANIEN
Évora
Odeceixe
Carvoeiro
Lagos
Tavira
Faro
0
50
100 km

FADO

SAUDADE

Der traditionelle und populäre Fado (»Schicksal«) ist *die* Musik Portugals. Er entstand im 19. Jh. in den Arbeitervierteln Lissabons und besingt die *saudade*, ein Gefühl, das sich aus Melancholie und Nostalgie nach vergangenen Zeiten zusammensetzt. Gänsehaut garantiert!

VOM SCHATTEN INS LICHT

Amália Rodrigues (1920–1999), die bedeutendste Stimme des Fado, machte ihn in der ganzen Welt bekannt. Im Jahr 2011 nahm die UNESCO den Fado in die Liste des immateriellen Kulturerbes der Menschheit auf.

INTIME UND MINIMALISTISCHE AUFFÜHRUNG

Die Bühne ist spärlich beleuchtet, es herrscht fast religiöse Stille ... Der Gesang des oder der schwarz gekleideten *fadista* wird begleitet von der *gitarra*, einer Art Mandoline mit 12 Saiten, und der Viola, der klassischen spanischen Gitarre.

WO KANN MAN FADO HÖREN?

- In Lissabon, der Wiege und Hauptstadt des Fado, haben Sie die Wahl zwischen den eher teuren und touristischen *casa de fado* mit Dinnershows und den authentischeren kleinen *tascas* (Tavernen) mit *fado vadio* (Amateure).
- In Coimbra ist der Fado fröhlicher und rhythmischer und wird abends in den Straßen und auf den Plätzen von kleinen Gruppen von Studenten (ausschließlich Männer!) in ihren schwarzen Umhängen und Anzügen gesungen.

PORTUGIESISCHE KUNST

MANUELINIK

Die Huldigung eines Königs an die Entdecker.

Der portugiesische Stil, der unter der Herrschaft von Manuel I. (1494–1521) seine Blütezeit erlebte, spiegelt das goldene Zeitalter der großen Entdeckungen wider und zeichnet sich durch eine dekorative Fülle von maritimen Motiven aus: Anker, Taue, Muscheln, Armillarsphären oder das Kreuz des Christusordens.

Seine symbolträchtigen Bauwerke sind der Turm von Belém und das Jerónimos-Kloster in Lissabon, das Kloster von Batalha (unvollendete Kapellen) und das Christuskloster (siehe das manuelinische Fenster von Tomar).

TALHA DOURADA

Blattgolddekor.

Der glitzerndste Ausdruck des portugiesischen Barocks!

Mit der Entdeckung von Goldminen in Brasilien Ende des 17. Jhs. eroberte die *talha dourada*, eine mit Blattgold überzogene Holzschnitzerei, die Kirchenwände und rahmte Gemälde und Altarbilder ein.

Die Kirchen São Francisco und Santa Clara in Porto besitzen die spektakulärsten Ausschmückungen.

OUTDOOR-AKTIVITÄTEN

SURFEN

Die bekanntesten Spots befinden sich an der Atlantikküste: Supertubos, Nazaré, Praia do Guincho für die Profis oder Odeceixe für die Anfänger!

SEEKAJAKFAHREN

Die beste Möglichkeit, um sich den Höhlen und den wunderschönen Felsformationen der Algarve oder der wilden Kulisse der Berlengas-Inseln zu nähern.

WANDERREITEN

Ideale Fortbewegung, um die portugiesische Landschaft und die Bergwelt wie etwa die der Serra de São Mamede zu erkunden.

NATIONALPARK PENEDA-GERÊS

In der Region Minho wird Wanderern eine der schönsten Ecken der Natur geboten (S. 92).

RIA FORMOSA

Eine riesige Lagune im Süden Portugals. Großartig, um Vögel zu beobachten (S. 190).

PFAD DER SIEBEN HÄNGENDEN TÄLER

Höhlen und paradiesische Buchten. *Die* Wanderung! Nicht verpassen (S. 204).

ROTA VICENTINA

An den Klippen entlang der Südwestküste wandern? Umwerfend (S. 224)!

PORTO — PINHÃO — BRAGANÇA — GUIMARÃES — BRAGA — PORTO

PORTO, DAS DOURO-TAL UND DER NORDEN

TOUR 1

Historische Städte, atemberaubende Landschaften und Portweine: das Beste aus Nordportugal in fünf Etappen.

1 Porto

Romantisch und festlich
1–2 Tage

2 Pinhão

Douro-Tal und Portwein-Anbaugebiet
2 Tage

3 Bragança

Mittelalterliche Festung
1–2 Tage

4 Guimarães

Die Wiege Portugals
1 Tag

5 Braga

Historisch und pulsierend
1 Tag

vier Tagesausflüge

- **Von Porto**: Foz do Douro
- **Von Pinhão**: Côa-Tal
- **Von Bragança**: Naturpark Montesinho
- **Von Braga**: Nationalpark Peneda-Gerês

ETAPPE 1 PORTO

VOM FLUGHAFEN INS ZENTRUM

U-Bahn: Linie E, 30 Min. Fahrzeit, Andante-Card und Ticket für Zone 4.
Bus: Linien 601, 602 und 3M, 30–50 Min. Fahrzeit, Andante-Card und Ticket für Zone 4.
Taxi: 20–30 Min.

RESERVIERUNGEN

Im Sommer **sehr empfehlenswert** an Wochenenden für den Besuch der Portweinkellereien in Vila Nova de Gaia. **Empfehlenswert** für Restaurantbesuche am Wochenende.

UNTERWEGS IN PORTO

Porto lässt sich gut zu Fuß erkunden.
Andante Card: aufladbare Metro- und Buskarte.
Andante Tour: unbegrenzt viele Fahrten mit Metro und Bussen für 24 oder 72 Stunden.
U-Bahn: sechs Linien. Linie D ist nützlich, um Vila Nova de Gaia zu erreichen.
Bus: STCP-Netz (Ticket im Bus).
Straßenbahn: drei Linien (Ticket in der Bahn).
Standseilbahn: zwischen der Ribeira und dem Kathedralenviertel.
Auto: Der Verkehr ist anstrengend. Zahlreiche Parkhäuser.

NÜTZLICHE ADRESSEN

Die Touristeninformation (rua Clube dos Fenianos, 25) verkauft die Porto Card, die Andante Card und Eintrittskarten für Museen, Aufführungen und Rundfahrten. www.visitporto.travel

SEHENSWERTES

Wir haben Porto in **drei Stadtteile** aufgeteilt: das alte Porto, das Zentrum und Vila Nova de Gaia. An einem Tag können Sie sich einen guten Überblick verschaffen. Die Kathedrale Sé, die Igreja und der Torre dos Clérigos sind von der Touristeninfo in 10 Min. zu Fuß zu erreichen, die Anlegestellen in Vila Nova de Gaia in 15 Min.

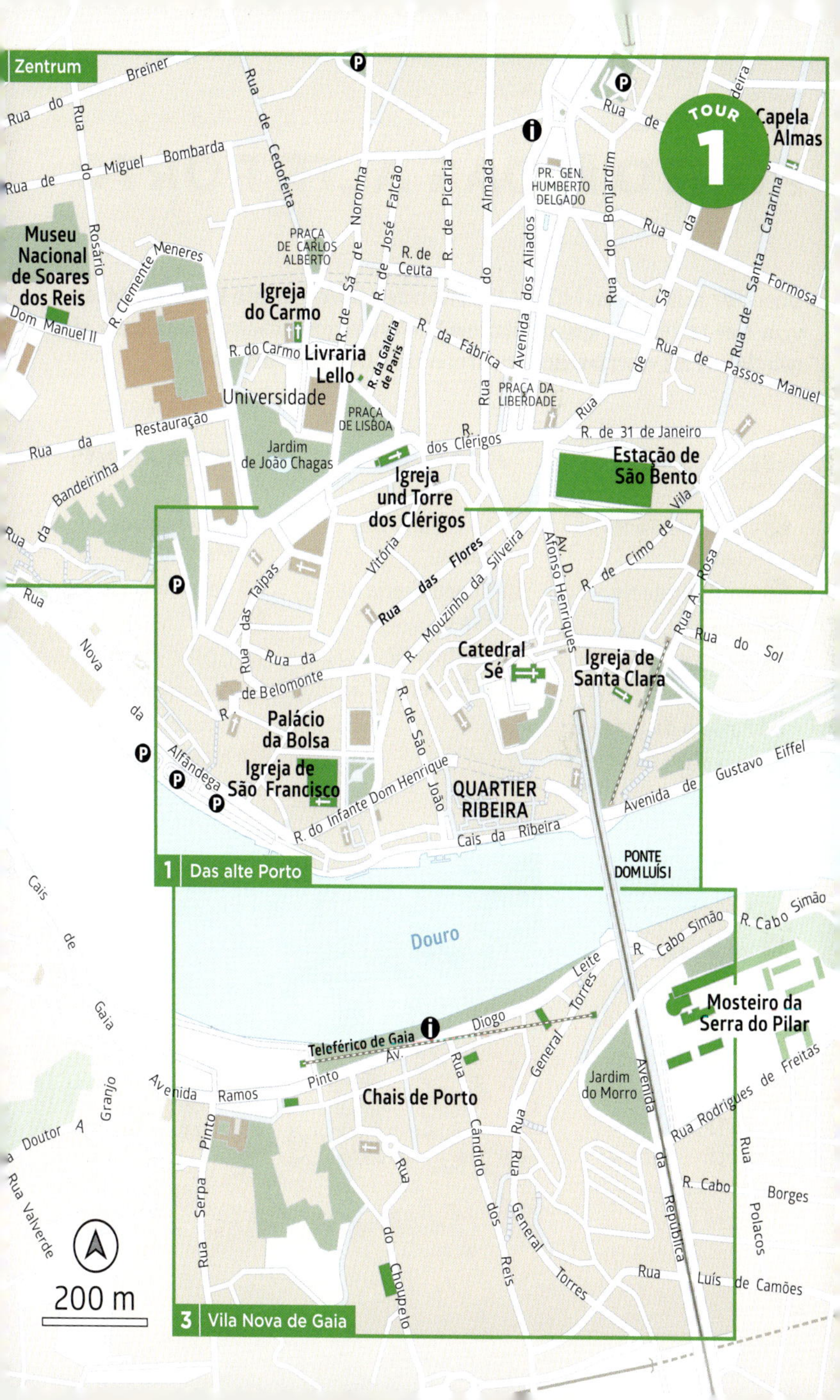
Zentrum
TOUR 1
Capela das Almas
Museu Nacional de Soares dos Reis
Igreja do Carmo
Livraria Lello
Universidade
Jardim de João Chagas
PRAÇA DE CARLOS ALBERTO
PRAÇA DE LISBOA
PR. GEN. HUMBERTO DELGADO
PRAÇA DA LIBERDADE
Estação de São Bento
Igreja und Torre dos Clérigos
Rua das Flores
Catedral Sé
Igreja de Santa Clara
Palácio da Bolsa
Igreja de São Francisco
QUARTIER RIBEIRA
Cais da Ribeira
PONTE DOM LUÍS I
1 Das alte Porto
Douro
Teleférico de Gaia
Chais de Porto
Jardim do Morro
Mosteiro da Serra do Pilar
3 Vila Nova de Gaia
200 m

PORTO 1 DAS ALTE PORTO

Von der auf einem Hügel thronenden Kathedrale bis zum alten, von der UNESCO geschützten Volksviertel Ribeira lässt man sich glücklich zu den belebten Ufern des Douro treiben.

SEHENSWERTES

- A Igreja de Santa Clara
- B Kathedrale Sé
- C Ribeira
- D Igreja de São Francisco
- E Palácio da Bolsa
- F Rua das Flores

MITTAGSPAUSE

- 1 Mercearia das Flores
- 2 Chocolataria das Flores
- 3 Cantina 32
- 4 Taberna do Largo

RESTAURANTS

- 5 Taberna dos Mercadores
- 6 Páteo das Flores
- 7 LSD
- 8 DOP
- 9 Ode Porto Wine House
- 10 Adega São Nicolau

AUSGEHEN

- 11 Vinologia
- 12 Wine Quay Bar
- 13 Peter Café Sport
- 14 Pinguim Café
- 15 Casa da Mariquinhas
- 16 Hotfive Jazz & Blues Club
- 17 Hard Club

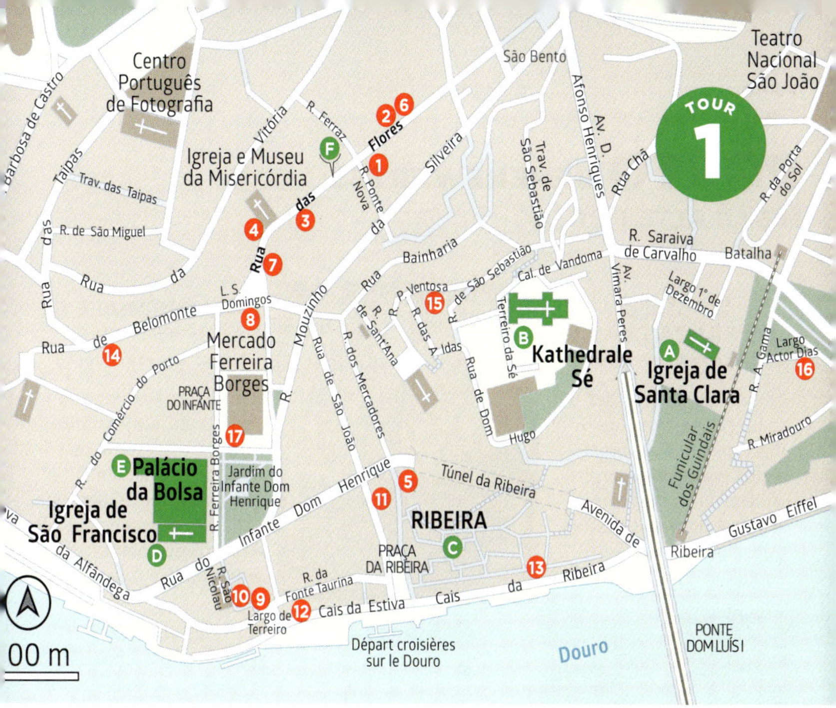

MEINE LIEBLINGSADRESSEN IN PORTO

PORTO SEHENSWERTES

1 DAS ALTE PORTO

A IGREJA DE SANTA CLARA

L. 1° de Dezembro | Eintritt frei

Lassen Sie sich von der üppigen barocken Ausstattung mit den vergoldeten Holzvertäfelungen (*talhas douradas*) dieser **Kirche** mit der schlichten gotischen Fassade verzaubern.

B KATHEDRALE SÉ

Terreiro da Sé | Eintritt für den Kreuzgang

Eine wahre Festung aus dem 12. Jh., die Romanik, Gotik und Barock miteinander verbindet. Ein Altar aus ziseliertem Silber, eine Schatzkammer und ein mit Azulejos geschmückter gotischer Kreuzgang.

C RIBEIRA

Ein steiles Labyrinth aus engen Gassen, bunte Fassaden, Wäsche in den Fenstern, ein vor Leben sprudelnder Kai mit Terrassen im Schatten der Brücke Dom Luís. Porto wie auf der Postkarte!

D IGREJA DE SÃO FRANCISCO

R. Infante D. Henrique | Eintritt

Der portugiesische Barock in seiner ganzen Üppigkeit! Ausschweifung aus geschnitztem, vergoldetem Holz. Bewundern Sie den prächtigen Jessebaum und erschauern Sie in den Katakomben.

E PALÁCIO DA BOLSA

R. Ferreira Borges | Eintritt

Neoklassizistischer Palast (19. Jh.), ehemaliger Sitz der **Börse**, mit reich verzierten Sälen. Höhepunkt der Führung ist der prächtige Arabische Salon, der von der Alhambra in Granada inspiriert wurde.

F RUA DAS FLORES

Die alte Straße der Juweliere und Goldschmiede ist eine Mischung aus traditionellen und modernen Geschäften, Cafés und alten Fassaden. Sehenswert ist die barocke Igreja da Misericórdia.

 Die jeweiligen Öffnungszeiten finden Sie im Register ab S. 230.

TOUR
1

PORTO MITTAGSPAUSE

1 DAS ALTE PORTO

1 MERCEARIA DAS FLORES

• Fröhlicher biologischer und lokaler Lebensmittelladen: Salate, Kuchen, Toasts und hausgemachte Backwaren.
Rua das Flores 110 | So–Fr 11–20 Uhr

2 CHOCOLATARIA DAS FLORES

• Süße oder herzhafte Pause.
• Salate, Toasts, Schokolade und hausgemachte Kuchen.
Rua das Flores 121 | tgl. 9.30–19 Uhr

3 CANTINA 32

• Eine trendige Adresse.
• Originelle *petiscos*, Käsekuchen, der in einer Form serviert wird.
Rua das Flores 32 | Mo–Sa 12.30–15, 18.30–22.30 Uhr

4 TABERNA DO LARGO

• *Petiscos* (Tapas) und lokaler Wein.
• Käse und Wurstwaren von kleinen Produzenten.
Largo de São Domingos 69 | Mo–Do 17–24 Uhr

PORTO RESTAURANTS

TOUR 1

1 DAS ALTE PORTO

5 TABERNA DOS MERCADORES

- Intime Taverne, rustikale Küche.
- Ausgezeichneter Fisch in Salzkruste und Weine vom Douro.

Rua dos Mercadores 36–38 | Di–So 12.30–15.30, 19–23 Uhr

6 PÁTEO DAS FLORES

- Eine Weinbar mit eleganter Dekoration.
- Häufig empfohlen, gute *petiscos* (Tapas).

Rua das Flores 135 | tgl. 12.30–23.30 Uhr

7 LSD

- Moderne portugiesische Küche.
- Eleganter und einladender Rahmen.

Largo de São Domingos 78 | tgl. 12.30–16, 19.30–24 (1 Uhr Fr, Sa)

8 DOP

- Gourmetrestaurant von Starkoch Rui Paula.
- Neue portugiesische Küche.

Largo São Domingos 18 | Mo 19–22.30, Di–Sa 12.30–15, 19–22.30 Uhr

9 ODE PORTO WINE HOUSE

- Restaurant, Weinstube und Feinkostladen.
- Portugiesisches Slow Food mit einem modernen Touch.

Largo do Terreiro 7 | Di–Sa 19–22 Uhr

10 ADEGA SÃO NICOLAU

- Kutteln auf Portwein, Oktopus, Kabeljau ... Alle portugiesischen Klassiker.

Rua São Nicolau 1 | tgl. 12–14.30, 19–21.30 Uhr

PORTO AUSGEHEN

1 DAS ALTE PORTO

11 VINOLOGIA

- Weinbar mit Verkostungen, um den Portwein kennenzulernen.
- Käseteller und lokale Produkte.

Rua de São João 28–30 | tgl. 11–24 Uhr

12 WINE QUAY BAR

- Portugiesische Weine und *petiscos* (Tapas) am Ufer des Douro.
- Blick auf die Brücke Dom Luís I.

Muro dos Bacalhoeiros 111–112 | Mo–Do 15–22 Uhr

13 PETER CAFÉ SPORT

- Berühmt für seinen Gin Tonic, seine heiße Schokolade und seine Terrasse mit Blick auf den Douro.

Cais da Ribeira 24–25 | tgl. 9–24 Uhr

14 PINGUIM CAFÉ

- Seit 30 Jahren das Hauptquartier für Künstler und Poeten.
- Theater, Konzerte, Poesie – und Gin Tonic.

Rua de Belomonte 67 | Mo, Do–Sa 18–2, So 22–2 Uhr

15 CASA DA MARIQUINHAS

- Das älteste Fado-Haus in Porto (1968).

Rua de São Sebastião 25 | tgl. 19.30–23 Uhr

16 HOTFIVE JAZZ & BLUES CLUB

- Der unumgängliche Club für Jazz- und Bluesfans.
- Konzerte in gemütlicher Atmosphäre.

Largo Actor Dias 51 | Mi–Sa 22–3 Uhr

17 HARD CLUB

- Elektro-Club, Konzertsaal, Kino, bildende Kunst. Der kulturelle Hub der Stadt in einem ehemaligen Markt!

Mercado Ferreira Borges, p. do Infante Dom Henrique | tgl. 11–24 (2 Uhr Fr, Sa)

TOUR
1

PORTO 2 ZENTRUM

Azulejos, Boutiquen mit dem Charme vergangener Zeiten, legendäre Cafés und brodelnde Nächte: In den Vierteln Clérigos, Aliados und Bolhão nimmt man den Rhythmus der Stadt auf.

SEHENSWERTES UND EINKAUFEN	RESTAURANTS	AUSGEHEN
A Capela das Almas	1 Café Santiago	9 Café Piolho
B Estação de São Bento	2 Linha 22	10 The Gin House
C Torre dos Clérigos	3 Café Progresso	11 Café Majestic
D Rua da Galeria de Paris	4 Daterra	12 Café Guarany
E A Vida Portuguesa	5 Flor dos Congregados	13 Vermuteria da Baixa
F Livraria Lello	6 Miss'Opo	14 Plano B
G Igreja do Carmo	7 Flow	15 Café au Lait
H Museu Nacional Soares dos Reis	8 Brasão Cervejaria	16 Casa do Livro
		17 Teatro Nac. São João

MEINE LIEBLINGSADRESSEN IN PORTO

PORTO SEHENSWERTES UND EINKAUFEN

2 ZENTRUM

A CAPELA DAS ALMAS *Rua Santa Catarina 428 | Eintritt frei*

Inmitten der Geschäfte der großen Einkaufsstraße von Porto befindet sich eine außergewöhnliche kleine **Kapelle** aus dem 18. Jh. mit feinen Azulejos, die aus dem Jahr 1929 stammen.

B ESTAÇÃO DE SÃO BENTO

Praça Almeida Garrett

Wunderschöner **Bahnhof** aus der Zeit um 1900. Die Eingangshalle ist mit 20 000 Azulejos ausgekleidet, die die Geschichte Portugals und des Verkehrswesens illustrieren.

C TORRE DOS CLÉRIGOS

Rua São Filipe de Nery | Eintritt

Das Wahrzeichen der Stadt. Erklimmen Sie die 240 Stufen dieses 76 m hohen Barockturms, des höchsten Glockenturms Portugals, und bewundern Sie Porto aus allen Blickwinkeln.

D RUA DA GALERIA DE PARIS

Der Party-Hotspot in Porto! Wenn die Nacht hereinbricht, mischen Sie sich unter die Feiernden, die die Bürgersteige bevölkern und sich von den Bars zu den angesagten Clubs bewegen.

E A VIDA PORTUGUESA

Rua da Galeria de Paris 20

»Ich liebe diesen Laden, der viel Hausgemachtes und Dekoartikel made in Portugal wie früher anbietet!«

Mo–Sa 10–20, So 11–19 Uhr

F LIVRARIA LELLO

R. das Carmelitas 144 | tgl. 10–19h | Eintritt (wird angerechnet)

Prächtige neogotische **Buchhandlung** mit Holzschnitzereien, Stuck und bunten Glasfenstern. Außergewöhnliche doppelläufige Treppe. Inspirierte die Hogwarts-Schule in Harry Potter. Für Fans!

G IGREJA DO CARMO

Rua do Carmo | Eintritt frei

Rokokokirche, die an der kleinen Kirche dos Carmelitas klebt. Sie ist wegen ihres beeindruckenden Schmucks aus Azulejos sehenswert. Zwischen den beiden Kirchen hat sich ein Haus versteckt.

H MUSEU NACIONAL SOARES DOS REIS

R. D. Manuel II 44 | Mo geschl.

Skulpturen und Gemälde der größten portugiesischen Künstler des 19. und 20. Jhs., bedeutende Sammlung dekorativer Kunst: Porzellan, indoportugiesische Möbel, japanische Paravents.

 Die jeweiligen Öffnungszeiten finden Sie im Register ab S. 230.

TOUR
1
A PÉROLA DO BOLHÃO
279

PORTO RESTAURANTS

2 ZENTRUM

1 CAFÉ SANTIAGO

- Die beste *francesinha* (Sandwich) der Stadt.

Rua Passos Manuel 266 | Mo–Sa 11.30–22.30 Uhr

2 LINHA 22

- Für den kleinen Hunger zwischendurch.
- Ein Geschäft mit lokalen Produkten (Käse, Wurstwaren, *pastéis*) und ein Raum zum Probieren.

Rua dos Clérigos 23 | tgl. 9.30–19 Uhr

3 CAFÉ PROGRESSO

- Das älteste Café in Porto (1899).
- Brunch in kosmopolitischer Atmosphäre.

Rua Actor João Guedes 5 | tgl. 11–22.30 Uhr

4 DATERRA

»Ein Restaurant, das ich wegen der Vielfalt an Gerichten und Salaten sehr mag. Eine gute Alternative zur üppigen *francesinha*!«

Rua de Mouzinho da Silveira 249 | tgl. 8.30–23 Uhr

5 FLOR DOS CONGREGADOS

- Rustikale und gut versteckte *casa de pasto*.
- Lokale Gerichte.

Travessa dos Congregados 11 | Mo–Mi 19–22, Do–Sa 12–15, 19–22 Uhr

6 MISS'OPO

- Einfache und gute Hausmannskost.
- Industriedekor und Bobo-Kundschaft.

Rua dos Caldeireiros 100 | Di–Sa 20–24, Brunch So 11–15 Uhr

7 FLOW

- Mediterrane Küche.
- Schicker, entspannter Rahmen.

Rua da Conceição 63 | Mo 19.45–24, Di–Fr 12.30–15, 19.45–24, Sa 13–16, 19.45–2 Uhr

8 BRASÃO CERVEJARIA

»Das ist sicher eine der besten *francesinhas* in Porto! Ich mag den Service und die nette Umgebung.«

Rua Ramalho Ortigão 28 | So–Do 12–15, 19–0, Fr 12–15 Uhr

PORTO AUSGEHEN

2 ZENTRUM

TOUR 1

9 CAFÉ PIOLHO – ÂNCORA D'OURO

- Seit 1909 der Treffpunkt für Studenten und Nerds.
- Eine Institution!

Praça de Parada Leitão 45 | tgl. 8–2 Uhr

10 THE GIN HOUSE

- Die größte Auswahl an Gin in der Stadt bei Retro-Popmusik.

Rua Cândido dos Reis 70 | Mo–Do 19–2, Fr, Sa 19–4, Sommer auch So 21–2 Uhr

11 CAFÉ MAJESTIC

- Ein Sprung in die Belle Époque! Das schönste und berühmteste Café in Porto mit Jugendstildekor.

Rua Santa Catarina 112 | Mo–Sa 9–23.30 Uhr

12 CAFÉ GUARANY

- Legendäre Brasserie aus den 1930er-Jahren im Art-déco-Stil.
- Abendessen bei Fado oder kubanischer Musik (Fr, Sa).

Av. dos Aliados 893 | tgl. 9–24 Uhr | Konzerte Eintritt frei

13 VERMUTERIA DA BAIXA

- Wermutbar.
- Große Auswahl, die Sie pur oder in Cocktails genießen können.

Rua Cândido dos Reis 126 | tgl. 17–2 Uhr

14 PLANO B

- Bar, Club, Konzertsaal und Kunstgalerie: ein ultrapopulärer Ort. Besser als ein Plan B!

Rua Cândido dos Reis 30 | Do–Sa 22–6 Uhr

15 CAFÉ AU LAIT

- Gute Musik und gute Stimmung.
- DJ-Abende am Wochenende.

Rua da Galeria de Paris 46 | Mo–Sa 21.30–4 Uhr

16 CASA DO LIVRO

- Elegante und coole Bar in einem ehemaligen Buchladen.
- Konzerte und DJs.

Rua da Galeria de Paris 85 | tgl. 21.30–3 (4 Uhr Fr, Sa)

17 TEATRO NACIONAL SÃO JOÃO

- Eine der großen kulturellen Einrichtungen der Stadt.
- Theater, Musik, Tanz.

Praça da Batalha | www.tnsj.pt

PORTO 3 VILA NOVA DE GAIA

In Gaia, am linken Ufer des Douro, befinden sich die großen Portweinhäuser in ihren Lagerhäusern mit den Ziegeldächern. Verkostung, Fahrt mit dem *rabelo* und grandiose Ausblicke auf Porto.

HIGHLIGHTS

- A Ponte Dom Luís I
- B Mosteiro da Serra do Pilar
- C Weinkeller
- D Schifffahrt auf dem Douro
- E Seilbahn von Gaia
- F Caves Taylor's

ADRESSEN

1. Meet & Taste
2. Dom Luís
3. Dourum
4. Yeatman
5. Terrasse Lounge 360°

MEINE LIEBLINGSADRESSEN IN PORTO

PORTO HIGHLIGHTS

3 VILA NOVA DE GAIA

A PONTE DOM LUÍS I

Schwindelerregender Spaziergang zwischen Himmel und Fluss über die berühmteste **Brücke** Portos mit ihrer kühnen Metallsilhouette, die von einem Schüler Gustave Eiffels entworfen wurde.

B MOSTEIRO DA SERRA DO PILAR

Largo de Aviz | Eintritt

Das **Kloster** selbst ist trotz seines originellen runden Kreuzgangs nicht außergewöhnlich, aber der Ausblicks von dort oben über den Douro ist großartig.

C WEINKELLER

Besuchen Sie die großen Portweinhäuser am Flussufer, um alles über die Herstellung des kostbaren Getränks zu erfahren: Cálem, Graham's, Sandeman, Ramos Pinto. Verkostung inklusive!

D SCHIFFFAHRT AUF DEM DOURO

Cais de Gaia

Gehen Sie an Bord eines *barco rabelo*, einem traditionellen Boot, das früher für den Transport von Portwein verwendet wurde, und erkunden Sie den Douro und seine sechs Brücken. Ca. 50 Min.

E SEILBAHN VON GAIA

Calçada do Serra | Ticket

»Flug« entlang des Südufers des Douro für eine wunderschöne 5-minütige Kamerafahrt über die Altstadt von Porto, den Fluss und die Dächer der Portweinhäuser. Großartig bei Sonnenuntergang!

F CAVES TAYLOR'S

Rua do Choupelo 250 | www.taylor.pt | tgl. 10–18 Uhr

1692 gegründet, ist es eines der ältesten und prestigeträchtigsten Portweinhäuser. Der Weinkeller ist beeindruckend und die Aussicht großartig, da man sich auf einer Anhöhe befindet.

PORTO ADRESSEN

3 VILA NOVA DE GAIA

1 MEET & TASTE

• Klein und rustikal. Typische Produkte wie etwa Tintenfisch, Chorizo und Kabeljau.
Rua Cândido dos Reis 27 | Mo–Sa 12.15–15.30, 18.30–21.30 Uhr

2 DOM LUÍS

• Eine der besten traditionellen Adressen in Gaia.
• Spezialität ist geschmorter Kabeljau.
Av. Ramos Pinto 266 | Di–So 12–15, 19–23 Uhr

3 DOURUM

• Weinbar auf den Kais.
• *Petiscos* (Tapas), gegrilltes Fleisch und Fisch.
Av. Diogo Leite 454 | tgl. 13–22 Uhr

4 YEATMAN

• Ein gastronomisches Erlebnis!
• Unvergesslicher Blick auf Porto.
Yeatman Hotel, rua do Choupelo 88 | tgl. 19.30–22.30 Uhr

5 TERRASSE LOUNGE 360°

• Rooftop-Bar einer berühmten Portweinmarke.
• Göttliches Panorama bei Sonnenuntergang.
Largo Miguel Bombarda 23 | Di–So 12.30–0.30 (1.30 Fr und Sa, 19 Uhr So)

TAGESAUSFLUG VON PORTO

FOZ DO DOURO

DAS STRANDVIERTEL VON PORTO

• 15 Min. vom Stadtzentrum mit der Straßenbahn Nr. 1 (Ausstieg an der Haltestelle Passeio Alegre) oder dem Bus 500

FAHRT MIT DER STRASSENBAHN

Linie 1

Fahren Sie mit einer alten Straßenbahn entlang des Douro nach Foz do Douro, dem Strandviertel von Porto. Dort warten eine Prise jodhaltige Luft oder ein romantischer Sonnenuntergang über dem Ozean.

BAR BONAPARTE

»Diese Kneipe ist die Institution in Foz! Wir kommen her, um bei einem guten Bier die Welt zu verbessern. Die Umgebung ist wirklich cool.«

Av do Brasil 130 | tgl. 18–2 (3 Uhr Fr, Sa)

TOUR 1

FOZ DO DOURO

An der Strandpromenade, vom Jardim Passeio Alegre bis zum Castelo do Queijo

In Porto gibt es auch einen Strand! Wenn Sie aus der Straßenbahn steigen, gehen Sie durch den romantischen **Jardim Passeio Alegre** und dann die Strandpromenade entlang bis zum **Castelo do Queijo**, einer kleinen Festung aus dem 17. Jh. Ein 4,5 km langer Spaziergang zwischen Leuchtturm, Pier, Fischerbooten, alten Bürgerhäusern, trendigen Geschäften und kleinen Stränden, die von Surfern belagert werden. Palmen und die **Pergola da Foz** verleihen der Promenade ein besonderes Flair.

FUNDAÇÃO DE SERRALVES

R João de Castro 210 | Eintritt

Ein Abstecher, 20 Min. zu Fuß von der Strandpromenade entfernt. Die **Serralves-Stiftung** vereint ein Museum für zeitgenössische Kunst mit minimalistischer Architektur, einen Park und ein schönes Art-déco-Haus.

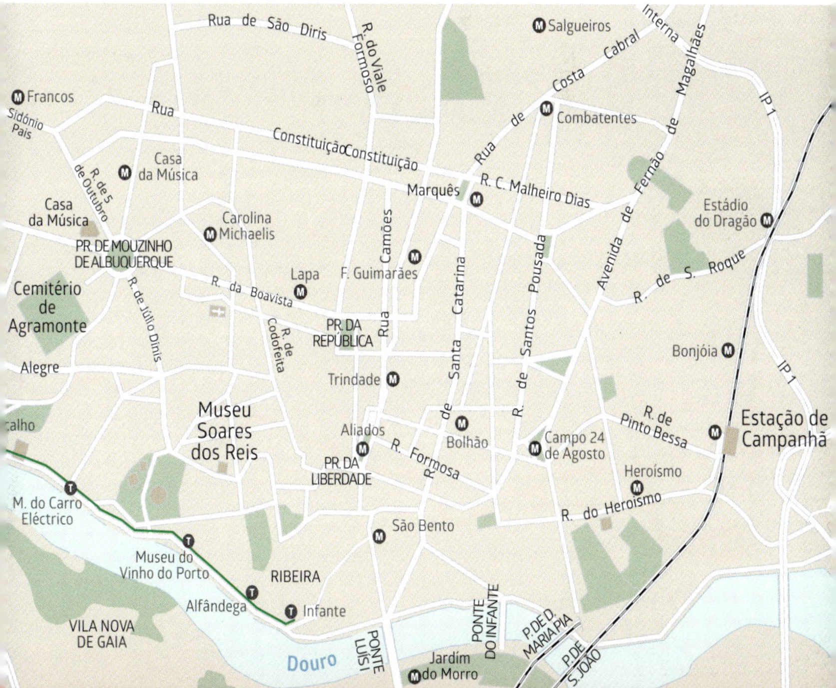

PORTO PINHÃO BRAGANÇA GUIMARÃES BRAGA PORTO

VON PORTO NACH PINHÃO

- **Strecke: 134 km (2 Std. reine Fahrzeit)**
- **2.3 Std. mit dem Zug, fünf Züge pro Tag**
- **Planen Sie eine Übernachtung in einer *quinta* in der Nähe von Pinhão ein**

AMARANTE

Genießen Sie das süße Leben in dieser hübschen Kleinstadt am Rio Tâmega mit ihrer alten Brücke. Bei einem Spaziergang entlang des Ufers kann man auf einer Terrasse Pause machen.

CONFEITARIA DA PONTE

Amarante

- Hier gibt es das berühmte Gebäck aus Amarante: *bolos de São Gonçalo*, *brisas do Tâmega* und mehr.

Rua 31 de Janeiro 186 | tgl. 9–22 Uhr

TOUR 1

SOLAR DE MATEUS

Vila Real | Eintritt

Das berühmte Herrenhaus (*solar*), das auf den Etiketten des Roséweins Mateus abgebildet ist. Ein barockes Juwel voller Rocaille-Verzierungen und ein zauberhafter französischer Garten.

SABROSA

Von Magellans Geburtsort aus schlängelt sich die hübsche Straße N 323 herrlich durch das Tal des Rio Pinhão: ein Vorgeschmack auf die wunderschönen Landschaften des Douro-Tals!

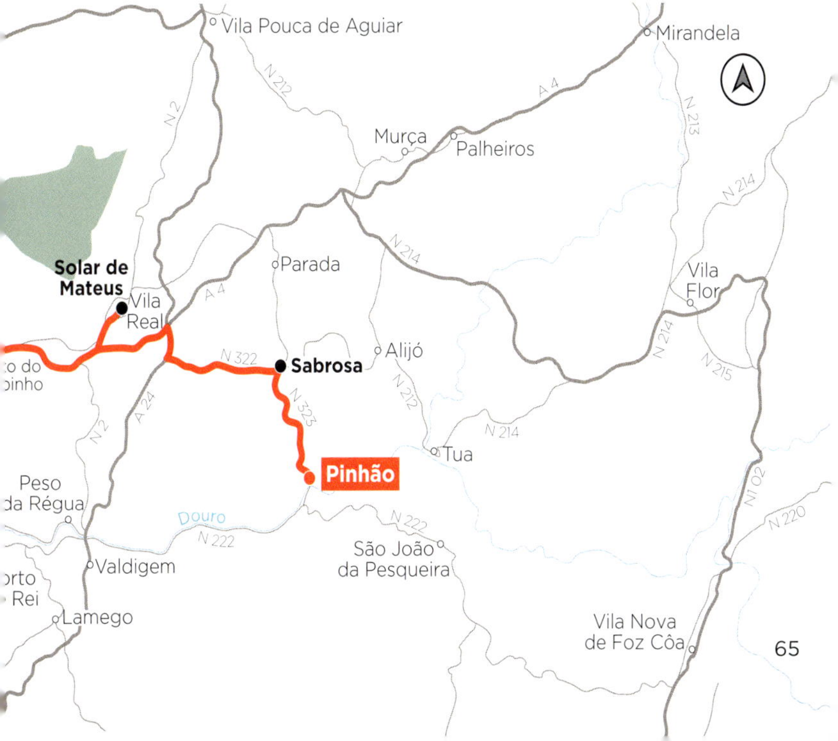

ETAPPE 2 PINHÃO UND DAS DOURO-TAL

- **Die Weinregion Alto Douro lässt sich zu Fuß, mit dem Auto, dem Zug oder dem Boot erkunden**
- **Pinhão ist ein gutes Basislager, um die *quintas*, die Weingüter, zu besuchen**

Beste Reisezeit: Frühherbst, während der Weinlese

HIGHLIGHTS

- A Pinhão
- B *rabelo*-Fahrt
- C Quinta Nova
- D Von Pinhão nach Peso da Régua
- E Museu do Douro
- F Linha do Douro
- G Nossa Senhora dos Remédios

ADRESSEN

1. Veladouro
2. Conceitus Winery Restaurant
3. DOC
4. Castas & Pratos

Die Region Alto Douro, Herz des Weinbaugebiets von Porto, ist ein verzaubertes Tal mit steilen, von Weinterrassen und Trockensteinmauern gesäumten Hängen. Eine atemberaubende Landschaft!

TOUR 1

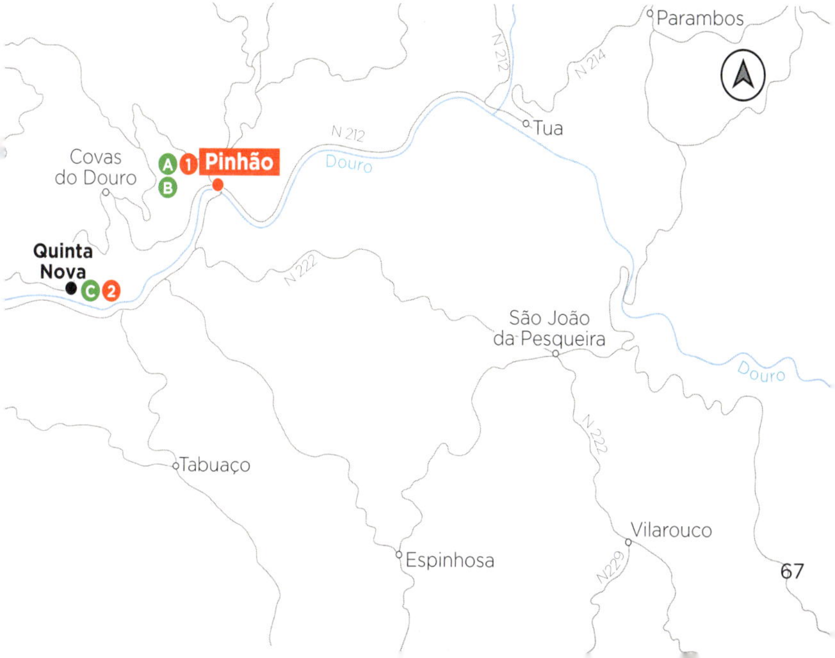

PINHÃO UND DAS DOURO-TAL HIGHLIGHTS

A PINHÃO

Mehr noch als das Dorf, das sich in eine Schleife des Douro schmiegt, ist es hier das Panorama, das exquisit ist. Terrassen am Wasser und ein entzückender Bahnhof mit Azulejos über den Weinanbau.

B *RABELO*-FAHRT

www.cruzeiros-douro.pt | hin und zurück

Ruhige Fahrt mit dem *barco rabelo*, einem Boot mit flachem Boden und quadratischer Takelage, auf dem früher Wein transportiert wurde. Der Flussabschnitt zwischen Pinhão und Tua ist prächtig.

C QUINTA NOVA

Covas do Douro | www.quintanova.com

Ein Weingut (Herrenhaus aus dem 19. Jh.) mit herrlichem Blick auf das Douro-Tal. Besichtigung, Weinprobe und Wanderwege. Mit angeschlossenem Restaurant und Luxushotel.

D VON PINHÃO NACH PESO DA RÉGUA *N222*

Der schönste Abschnitt des Tals! Die 27 km lange Straße ist gespickt mit weiß getünchten *quintas* (Portweinverkostung). Mitreißende Ausblicke auf den Douro und die Weinterrassen.

E MUSEU DO DOURO

Peso da Régua | Eintritt

Ein kleines Museum, in dem Sie bei einem Gläschen Portwein mehr über die Geschichte des Douro, seiner Weine und seiner atemberaubenden Landschaft erfahren können. Laden und Restaurant.

F LINHA DO DOURO

Von und nach Peso da Régua

Drehen Sie die Zeit zurück in einem alten Dampfzug, der am Ufer des Douro entlang fährt (Juni–Okt.). Drei Std. unterwegs auf der Schiene mit Portweinprobe und traditionellen Gesängen.

G NOSSA SENHORA DOS REMÉDIOS

Lamego | Eintritt frei

Eine monumentale Treppe mit 600 Stufen, geschmückt mit Azulejos und Statuen, führt zu einer Rokokokirche, einem Wallfahrtsort und Meisterwerk des portugiesischen Barocks. Ergreifend!

 Die jeweiligen Öffnungszeiten finden Sie im Register ab S. 230.

PINHÃO UND DAS DOURO-TAL ADRESSEN

1 VELADOURO

- Terrasse am Ufer des Douro.
- Gegrillter Fisch, gebackenes Zicklein und mehr.

Pinhão, rua da Praia 3 | Di–Sa 12–15, 19–21, So 12–15 Uhr

2 CONCEITUS WINERY RESTAURANT

- Eines der besten Restaurants am Douro.
- Raffinierte Küche inmitten der Weinberge.

Quinta Nova à Covas do Douro | tgl. 12.30–15, 19.30–22 Uhr

3 DOC

Folgosa

- Speisen und Weine vom Douro.
- Terrasse über dem Wasser.

Photo | *N222, à Folgosa | Mi 19.30–22.30, Do–Mo 12.30–15.30, 19.30–22.30 Uhr*

4 CASTAS & PRATOS

Peso da Régua

- Trendige Weinstube in einem ehemaligen Eisenbahnlagerhaus.

Av. José Vasques Osório, à Peso da Régua | tgl. 11–22.30 Uhr

TAGESAUSFLUG VON PINHÃO

CÔA-TAL

STÄTTE PRÄHISTORISCHER FELSZEICHNUNGEN

- **Vila Nova de Foz Côa, 65 km südöstl. von Pinhão über die N 222**
- **ca. 1 Std. mit öffentlichen Verkehrsmitteln: Zug bis Pocinho, dann Bus oder Taxi**

ARCHÄOLOGISCHER PARK CÔA-TAL

Im Côa-Tal, das zum UNESCO-Weltkulturerbe zählt, wurden Tausende prähistorische Petroglyphen aus der Lascaux-Zeit entdeckt. Das Tal mit seinen steilen Ufern ist eine riesige Freiluftgalerie der Felskunst in einer grandiosen Kulisse. Pferde, Fische, Auerochsen, Schwäne, Hirsche und eine seltene menschliche Figur, in den Stein gemeißelt oder gehämmert, versetzen uns zurück in die Anfänge der Menschheit.

DIE STÄTTEN

Reservierung erforderlich, begrenzte Anzahl an Tickets | www.arte-coa.pt, z. T. steil, im Sommer sehr heiß! | Eintritt

Drei Stätten sind für die Öffentlichkeit zugänglich (obligatorische Führungen, Reservierung im Parkzentrum neben dem Museum, mit Zugang per Geländewagen und dann zu Fuß mit einem Führer, der die Zeichnungen erklärt): **Canada do Inferno** (Abfahrt am Morgen vom Museu do Côa), **Ribeira de Piscos** (Abfahrt am Morgen von Muxagata), **Penascosa** (Abfahrt am Nachmittag von Castelo Melhor).

MUSEU DO CÔA

3 km von Vila Nova | Eintritt

Großartiges Museum, dessen moderne Ausstellungsräume die Funde der Zehntausende Jahre alten Felszeichnungen aus dem Côa-Tal in Szene setzen.

RESTAURANTE CÔA MUSEU

- Regionale Küche.
- Überwältigender Blick über das Côa-Tal.

Côa-Museum | Di–Fr 10–23, Sa–Mo 10–18 Uhr

TOUR
1
A 24
N 2
N 206
N 213
A 4
Vila Pouca
de Aguiar
Mirandela
lões
N 212
N 2
A 24
Murça
Palheiros
N 216
N 213
A 4
IC 5
Alfândega
Samões
IC 5
Vila
Flor
Sabrosa
Alijó
N 212
N 214
Tua
Torre de
Moncorvo
Pinhão
N 220
N 222
São João
da Pesqueira
Douro
Pocinho
Serra do Reboredo
Vila Nova
de Foz Côa
Museu do Côa und
Archäologischer Park
N 222
Castelo
Melhor
Muxagata
IP 2
SPANIEN
Moimenta
da Beira
Penedono
Santa Comba
N 226
N 332
N 229
Figueira
de Castelo
Rodrigo
Sequeiros
N 226
N 229
N 221
IP 2
N 229
N 332
Transcoso
Pinhel
N 221
0
5
10 km

VON PINHÃO NACH BRAGANÇA

- **Strecke: 249 km (3.20 Std. reine Fahrzeit)**
- **3 Std. mit dem Bus**
- **Die Busse fahren über Miranda do Douro**

MIRANDA DO DOURO

Abgelegene Kleinstadt nahe der spanischen Grenze, die über der spektakulären Schlucht des Douro und dem Miranda-Staudamm schwebt. Mittelalterliche Stadt und riesige Kathedrale.

O MIRANDES

Miranda do Douro

- Typische und herzhafte portugiesische Küche.

Rua Dom Dinis 7 | tgl. 12–13, 19–22 Uhr

NATURPARK DOURO INTERNACIONAL

Durchzogen von der spektakulären Schlucht, die der Douro gegraben hat. Zufluchtsort für Geier und Steinadler. Wunderschöner Rundwanderweg ab Miranda do Douro. (Bild)

ROUTE N 218

75 km lange, kurvenreiche Straße durch eine Heide- und Hügellandschaft mit Olivenbäumen und Schafherden. Eine der schönsten Ecken im Nordosten Portugals!

TOUR 1
Rio do Onor
Naturpark Montesinho
Parque biológico de Vinhais
N 103-7
Rio do Onor
Vinhais
N 103
Bragança
Castro de Avelãs
Milhão
N 218
A 24 IP 3
N 103
Chaves
Rebordelo
N 2
TRÁS-OS-MONTES
Rabaçal
N 206
E 82
Outeiro
Santa Comba de Rossas
IP 4
Sabor
N 218
ila Pouca
le Aguiar
E 82
Romeu
Macedo
N 212
Mirandela
IP 4
Palheiros
E 802
N 216
Miranda do Douro
Pópulo
N 213
N 215
N 216
Picote
IC 5
N 221
orosa
Alfândega
Sendim
Alijó
N 214
Vila Flor
IC 5
Mogadouro
N 323
IC 5
N 221
Tua
inhão
Douro
Bemposta
Torre de Moncorvo
Naturpark Douro Internacional
São João da Pesqueira
N 220
Vila Nova de Foz Côa
N 221
N 222
N 229
Museu do Côa und Archöologischer Park
Penedono
SPANIEN
N 102
N 226
ranscoso
N 221
N 332
Pinhel
N 221
0
2
10 km

ETAPPE 3 BRAGANÇA

Die abgelegene Hauptstadt von Trás-os-Montes ist die Wiege der Dynastie der Herzöge von Braganza und umschließt ein hübsches mittelalterliches Dorf und eine Burg innerhalb ihrer Stadtmauern. Bragança ist auch das Tor zum Naturpark Montesinho.

- **Keine Schwierigkeiten bei der Parkplatzsuche. Kostenlose Parkplätze am Fuß der Zitadelle (rua de São Francisco).**
- **In der Touristeninfo (av. Cidade Zamora) gibt es viele Informationen über die Region Trás-os-Montes**

SEHENSWERTES

- A Zitadelle
- B Castello
- C Igreja Santa Maria
- D Museu Ibérico da Máscara e do Traje
- E Museu do Abade de Baçal

ADRESSEN

1. Tasca do Zé Tuga
2. Solar Bragançano
3. Poças
4. Bar Praça 16

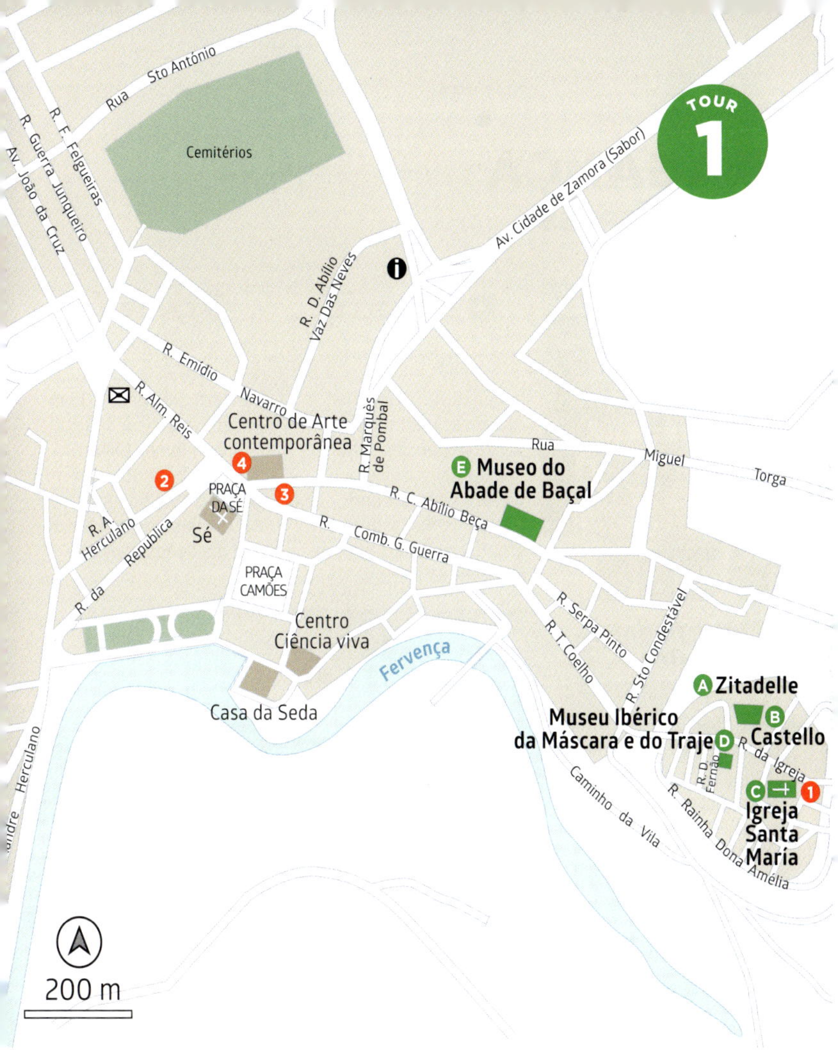
TOUR 1
Rua Sto António
Cemitérios
R. F. Felgueiras
R. Guerra Junqueiro
Av. João da Cruz
Av. Cidade de Zamora (Sabor)
R. D. Abílio Vaz Das Neves
R. Emídio Navarro
R. Alm. Reis
Centro de Arte contemporânea
R. Marquês de Pombal
Rua Miguel Torga
E Museo do Abade de Baçal
PRAÇA DA SÉ
Sé
R. C. Abílio Beça
R. Comb. G. Guerra
R. A. Herculano
R. da Republica
PRAÇA CAMÕES
Centro Ciência viva
Fervença
Casa da Seda
R. Serpa Pinto
R. T. Coelho
R. Sto Condestável
A Zitadelle
B Castello
Museu Ibérico da Máscara e do Traje D
R. da Igreja
R. D. Fernão
C Igreja Santa María
Caminho da Vila
R. Rainha Dona Amélia
Herculano
200 m

BRAGANÇA
SEHENSWERTES

A ZITADELLE

In den mittelalterlichen Gassen scheint die Zeit stillzustehen. Ein schöner Spaziergang zwischen weißen Häusern und Gärten an den sehr gut erhaltenen Stadtmauern aus dem 12. Jh.

B CASTELLO
Eintritt

Klettern Sie auf den 33 m hohen Bergfried, in dem sich ein kleines Militärmuseum befindet, und genießen Sie den Ausblick auf die Festung, die Stadt und die Landschaft.

C IGREJA SANTA MARIA
Gegenüber dem Bergfried

Sehenswert sind das Barockportal und das Trompe-l'œil-Deckengemälde dieser **Kirche**, die an das Domus Municipalis grenzt, das einzige Beispiel für romanische Profanbauten in Portugal.

D MUSEU IBÉRICO DA MÁSCARA E DO TRAJE *Rua Dom Fernão*

Kuriose Sammlung von Masken und traditionellen Kostümen für den Karneval und heidnische Feste, die in Trás-os-Montes und der benachbarten Region Zamora in Spanien benutzt werden.

E MUSEU DO ABADE DE BAÇAL
Rua Abílio Beça 27 | Eintritt

Ein schönes **Regionalmuseum** im ehemaligen Bischofshaus aus dem 18. Jh. Archäologische Sammlungsstücke, ethnografische Exponate und Gemälde.

 Die jeweiligen Öffnungszeiten finden Sie im Register ab S. 230.

BRAGANÇA
ADRESSEN

1 TASCA DO ZÉ TUGA

- Nette *tasca* (Gasthaus) mit Terrasse.
- Slow-Food-Küche, die typisch für die Region ist.

Rua da Igreja 68 | Mo–Fr 12–15.30, 19–22, Sa, So 9–23 Uhr

2 SOLAR BRAGANÇANO

- Ein Restaurant, das in Bragança nicht fehlen darf.
- Für ein romantisches Abendessen mit Holzvertäfelung und bestickten Tischdecken.

Praça da Sé 34 | Di–So 12–15, 19–22 Uhr

3 POÇAS

- *Cozido* (Eintopf) und typische Fleischgerichte aus der Region.

Rua dos Combatentes da Grande Guerra, 200 | tgl. 12–15, 19–22.30 Uhr

4 BAR PRAÇA 16

»Eine Bar, die mit ihrem vielseitigen Programm und ihrer Terrasse die Abende in Bragança belebt. Ideal, um lokale Künstler zu entdecken.«

Praça da Sé 16 | tgl. 20–3 Uhr

TAGESAUSFLUG VON BRAGANÇA

NATURPARK MONTESINHO

- **98 km lange Rundfahrt mit dem Auto (2.10 Std. reine Fahrzeit) von Bragança über Vinhais, Moimenta, Dine und Parâmio**
- **750 km² Wildnis vor den Toren von Bragança!**

DEN PARK ERKUNDEN

Der Park lässt sich zu Fuß, mit dem Mountainbike oder mit dem Auto erkunden. Es gibt markierte Wander- und Themenwege (u.a. Kulturerbe sowie Fauna und Flora). Infos gibt es im Touristenbüro in Bragança, im Parkbüro in Bragança (im Parque Florestal, südl. der Stadt), in Vinhais (rua das Freiras) und online unter www.icnf.pt. Im Sommer kann man in den Flüssen baden: Folgen Sie den Schildern *praias fluviais* (Flussstrände).

NATURPARK MONTESINHO

www.montesinho.com

Eichen- und Kastanienwälder, Weiden, Granitfelsen, Bäche und Wasserfälle sind charakteristisch für diese Landschaft mit ihren sanften Hügeln und Bergen. Es ist die abgelegenste Ecke Portugals, in der es noch Kalköfen, Schmieden, Mühlen, Taubenschläge und alte Bräuche gibt. Die bezaubernden Dörfer Moimenta und Dine bieten sich für schöne Spaziergänge an.

PARQUE BIOLÓGICO DE VINHAIS

3 km nördl. von Vinhais | Eintritt

Geführte Wanderungen, Eselreiten für die Kleinen, Tierbeobachtung (Wölfe, Hirsche, Wildschweine), Mountainbike-Verleih und Picknickplatz.

TABERNA DOS CAPELAS

Parâmio

- Entscheiden Sie sich für die geräucherte Wurst, die lokale Spezialität.

Tgl. 8–23 Uhr

TOUR
1
SPANIEN
Moimenta
Dine
Parâmio
França
N 308
Naturpark
Montesinho
N 308
N 108-7
Carragosa
Meixedo
Parque
Biológico
de Vinhais
N 103
N 103
M 503
N 103
Vinhais
N 308
Bragança
M 1186
N 316
N 15
N 217
A 4
Tuela
Samil
N 206
Zoio
N 206
Rebordãos
A 4
N 217
M 1041
Mós
5 km

VON BRAGANÇA NACH GUIMARÃES

- **Strecke: 205 km (3 Std. reine Fahrzeit)**
- **3.5 Std. mit dem Bus**
- **Die Busse fahren über Chaves**

N 103

Von Bragança bis Chaves schlängelt sich die Straße durch eine einsame und unberührte Landschaft, zwischen Flüssen und Wäldern. Kurvenreich und fernab von allem mit einem einzigartigen Charme!

CHAVES

Kurort am Rio Tâmega, den eine 150 m lange römische Brücke überquert! In der Altstadt stehen ein riesiger Bergfried aus dem 14. Jh. und eine Festung im Stil der Anlagen von Vauban.

TOUR 1

PAPRIKA & CACAU

Chaves

- Portugiesische Küche.
- Blick auf das Schloss.

Rua da Infantaria 19 | Di–So 10–23 Uhr

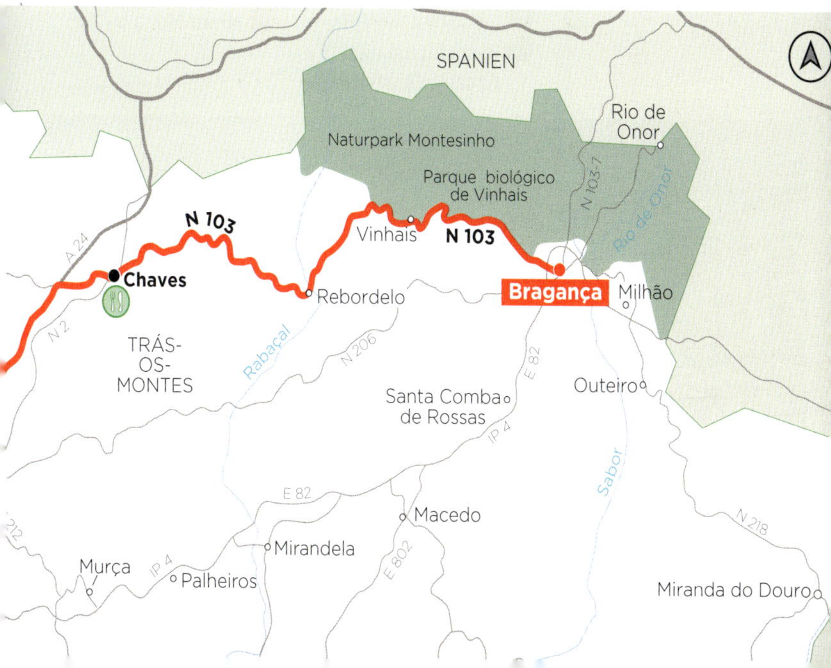

ETAPPE 4 GUIMARÃES

Eine bezaubernde mittelalterliche Kleinstadt, die zum UNESCO-Weltkulturerbe zählt. Die Stadt Guimarães gilt als Wiege der portugiesischen Nation.

- **Parken Sie hinter dem Castelo (kostenloser Parkplatz), um die Oberstadt zu besichtigen und dann zu Fuß in die Unterstadt hinunterzugehen**
- **Parken in der Stadt ist gebührenpflichtig (Parkuhren)**

SEHENSWERTES

- A Castelo
- B Paço dos Duques de Brangança
- C Rua de Santa Maria
- D Largo da Oliveira
- E Museu de A. Sampaio
- F Largo do Toural
- G Plataforma das Artes e Criatividade

ADRESSES

1. Clarinha
2. Histórico by Papaboa
3. Le Babachris
4. Castas & Tostas
5. Cervejaria Martins
6. Alkimista
7. Novo Nora by Ge

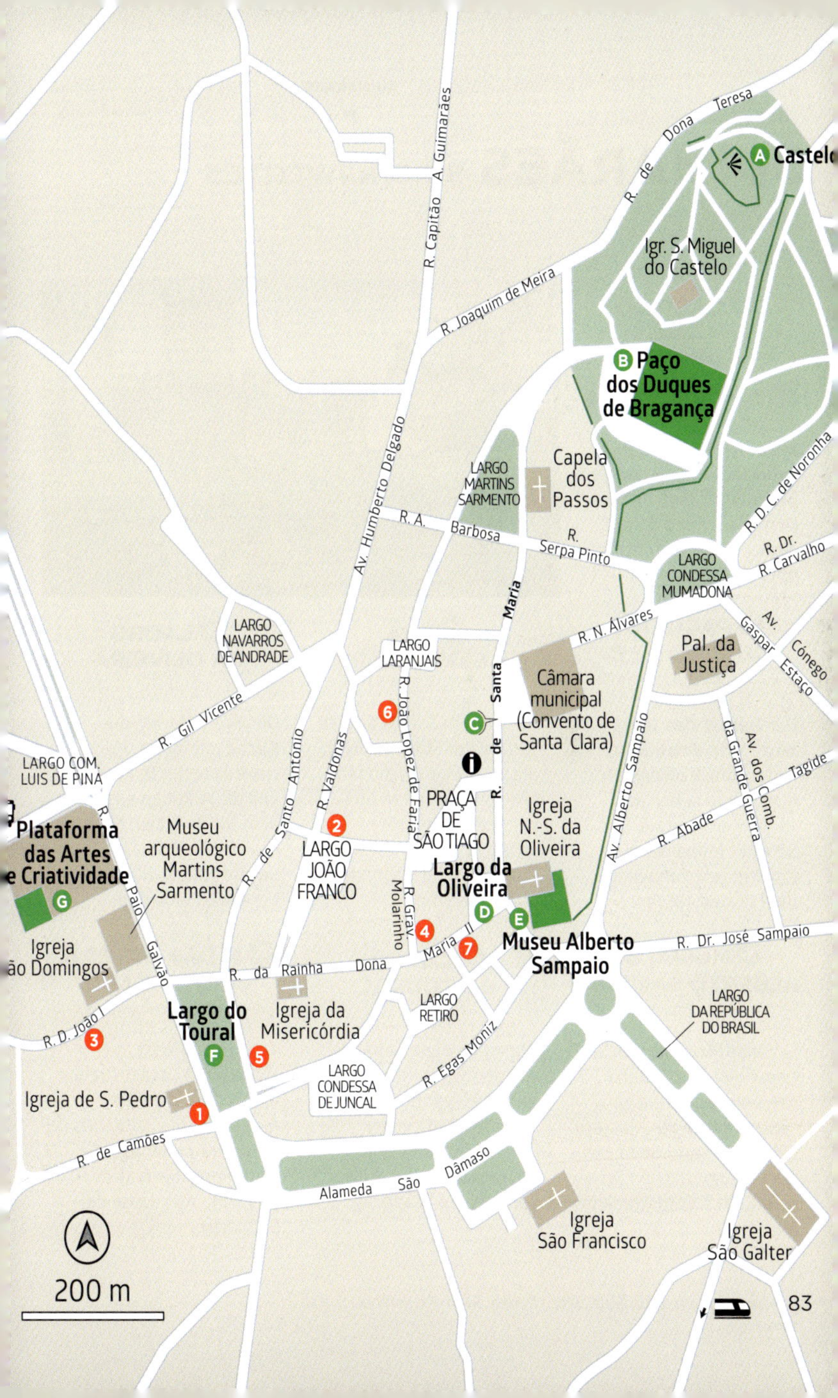

Castelo
Igr. S. Miguel do Castelo
Paço dos Duques de Bragança
Capela dos Passos
LARGO MARTINS SARMENTO
R. de Dona Teresa
R. Capitão A. Guimarães
R. Joaquim de Meira
Av. Humberto Delgado
R. A. Barbosa
R. Serpa Pinto
R. D. C. de Noronha
R. Dr. R. Carvalho
LARGO CONDESSA MUMADONA
R. N. Álvares
Pal. da Justiça
Av. Gaspar Estaço
Cónego
LARGO NAVARROS DE ANDRADE
LARGO LARANJAIS
R. de Santa Maria
Câmara municipal (Convento de Santa Clara)
R. Gil Vicente
LARGO COM. LUIS DE PINA
R. João Lopez de Faria
Av. Alberto Sampaio
da Grande Guerra
Av. dos Comb.
Tagide
R. Abade
R. de Santo António
R. Valdonas
PRAÇA DE SÃO TIAGO
Igreja N.-S. da Oliveira
Plataforma das Artes e Criatividade
Museu arqueológico Martins Sarmento
LARGO JOÃO FRANCO
Largo da Oliveira
R. Grav. Molarinho
R. Paio Galvão
Igreja ão Domingos
R. da Rainha Dona Maria II
Museu Alberto Sampaio
R. Dr. José Sampaio
LARGO DA REPÚBLICA DO BRASIL
R. D. João I
Largo do Toural
Igreja da Misericórdia
LARGO RETIRO
R. Egas Moniz
LARGO CONDESSA DE JUNCAL
Igreja de S. Pedro
R. de Camões
Alameda São Dâmaso
Igreja São Francisco
Igreja São Galter
200 m

GUIMARÃES SEHENSWERTES

A CASTELO

Rua Conde Dom Henrique | Eintritt

Die **Burg**, in der im 12. Jh. Afonso Henriques, der erste König Portugals, geboren sein soll. Steigen Sie auf den 33 m hohen Bergfried und die Stadtmauer, um die Stadt zu überblicken.

B PAÇO DOS DUQUES DE B.

Rua Conde Dom Henrique

Der **Palast der Herzöge von Braganza** zeugt vom prunkvollen fürstlichen Leben im 15. Jh. Reich verzierte Säle mit Möbeln und Kunstgegenständen aus dem 17. und 18. Jh.

C RUA DE SANTA MARIA

Schlendern Sie die älteste Straße der Stadt entlang, die von wunderschönen alten geschnitzten und verzierten Fassaden gesäumt ist. Die Verbindung zwischen Oberstadt und Unterstadt.

D LARGO DA OLIVEIRA

Die alten Häuser, die Kirche mit ihrem Glockenturm, der Baldachin und die Arkaden aus dem 14. Jh. bilden eine charmante Kulisse für die Straßencafés, die zum Verweilen einladen.

E MUSEU DE ALBERTO SAMPAIO

R. Alfredo Guimarães | Di–So

Schönes **Museum** für sakrale Kunst in den Gebäuden und dem Kreuzgang eines ehemaligen Klosters. Skulpturen und Gemälde der portugiesischen Schule (16–18. Jh.), Goldschmiedearbeiten.

F LARGO DO TOURAL

Wunderschöne Gebäude aus dem 17. Jh. säumen diesen eleganten und belebten Platz voller Cafés, Geschäfte und Restaurants. Hier schlägt der Puls der Stadt!

G P. DAS ARTES E CRIATIVIDADE

Av. Conde de Margaride 175

Kultur und Kunst in avantgardistischer Architektur. Zu sehen sind Ausstellungen zeitgenössischer Künstler und die Sammlung des Malers und Bildhauers José de Guimarães.

 Die jeweiligen Öffnungszeiten finden Sie im Register ab S. 230.

GUIMARÃES ADRESSEN

TOUR 1

1 CLARINHA

»Ein kleiner traditioneller Teesalon mit Konditorei, der zu jeder Tageszeit verwöhnt. Perfekt für eine Pause zwischen zwei Besichtigungen.«
Largo do Toural 86–88 | tgl. 8–20 (23 Uhr Fr, Sa)

2 HISTÓRICO BY PAPABOA

- Gerichte aus Minho in einem Palast aus dem 17. Jh. und seiner Patio-Terrasse.
- Fado Do–Sa Abend.

Rua de Valdonas 4 | tgl. 10–23.30 Uhr

3 LE BABACHRIS

- Hier kocht ein kreativer französischer Küchenchef.
- Einzigartiges Menü, um sich überraschen zu lassen.

Rua Dom João I 39 | Di–Sa 13–14.30, 19–22.30 Uhr

4 CASTAS & TOSTAS

- Für einen guten Start in den Abend: exquisite *petiscos* und portugiesische Weine.

Rua Gravador Molarinho 4 | Di–Sa 19–22.30 Uhr

5 CERVEJARIA MARTINS

- Eine lokale Institution seit 1951.
- Bier und Fußball: eine Bar für Sportfans.

Largo do Toural 33–34 | Mo–Sa 12–24 Uhr

6 ALKIMISTA

»Ein verstecktes Restaurant, in dem man mit einem Lächeln empfangen wird. Ich mag den Innenhof und die frischen Produkte.«
Rua João Lopes de Faria 71 | Di–Do 12–24 (2 Uhr Fr, Sa)

7 NOVO NORA BY GE

»Hier verbringt man den Abend mit einem Cocktail, während man ein gutes Konzert oder ein DJ-Set genießt.«
Rua da Rainha Dª Maria II 125–129 | Fr, Sa 22–2 Uhr

VON GUIMARÃES NACH BRAGA

- **Strecke: 32 km (1 Std. reine Fahrzeit)**
- **50 Min. mit dem Bus**
- **Busse halten in der Nähe der Sehenswürdigkeiten, dann 1–2 km zu Fuß**

CITÂNIA DE BRITEIROS

N 309 | Eintritt

Auf einer bewaldeten Anhöhe befinden sich die außergewöhnlichen Überreste einer keltischen Siedlung mit 150 Hütten, Wegen, Abwasserkanälen, unterirdischen Zisternen und Bädern.

SANTUÁRIO DO BOM JESUS DO MONTE

Estrada do Bom Jesus, Braga | Eintritt frei

Eines der extravagantesten Bauwerke Portugals. Eine spektakuläre Barocktreppe schmiegt sich an einen bewaldeten Hügel und führt zum **Heiligtum des Guten Jesus vom Berg**, einem Wallfahrtsort seit dem 15. Jh. Erklimmen Sie den Berg zu Fuß und bewundern Sie die Granitarchitektur mit ihren weißen Mauern und den Brunnen, Statuen und Kapellen. Ein sportlicher und mystischer Aufstieg: 577 Stufen, die die Pilger auf Knien erklimmen! Wer sich das ersparen möchte, fährt mit einer hydraulischen Standseilbahn aus dem Jahr 1882 (kostenpflichtig). Im Park kann man auf schattigen Wegen spazierengehen oder mit einem Boot auf dem See fahren.

O PÓRTICO

1 km vom Sanctuaire du Bon Jésus du Mont

- Gute Küche aus Minho, eleganter Saal.
- Der *cabritinho* (gegrilltes Zicklein) ist ein Muss!

Largo do Arco, croisement Estr. de São Pedro, Tenões | Fr–Mi 12–15, 19–22 Uhr

TOUR
1
N 103
N 103
N 205-4
N 101
Póvoa de Lanhoso
Santuário do Bom Jesus do Monte
Sobreposta
M 594
Pedralva
Tenões
N 103
Braga
N 101
N 309
Espinho
Rebordelo
N 309
N 310
Citânia de Briteiros
N 101
Arcos
M 585
Esporões
N 101
Morreira
Rabaçal
M 583
Caldelas
A 11
N 309
Leitões
Ponte
N 309
Vila Nova de Sande
N 101
Penselo
Oleiros
N 101
Vermil
Brito
A 11
Santa Maria de Airão
N 206
Ronfe
N 206
Guimarães
1
2 km

ETAPPE 5 BRAGA

Tauchen Sie ein in die besondere Atmosphäre der historischen Hauptstadt des Minho, die mit den prächtigen barocken Straßencafés voller Studenten gleichzeitig fromm und lebhaft ist.

- **Historisches Zentrum nur für Fußgänger; parken Sie auf der avenida Central**
- **Braga ist berühmt für seine Karwochenfeste (spektakuläre Prozessionen)**
- **Die Braga Card ist erhältlich bei der Touristeninfo (av. da Liberdade 1)**

SEHENSWERTES

- A Praça da República
- B Catedral Sé
- C Museu dos Biscaínhos
- D Museu Dom Diogo de Sousa
- E Palácio do Raio

ADRESSEN

1. Café A Brasileira
2. Café Vianna
3. Retrokitchen
4. Cozinha da Sé
5. Taberna do Félix
6. Barhaus
7. Estúdio 22

TOUR 1
Mosteiro de Tibães
PRAÇA DO COMÉRCIO
PONTE DA BARCA
Estr. de S. Martinho
Av. V. Nespereira
R. do Carmo
R. do Carvalhal
R. S. Andre
Rua da Boavista
Igreja do Pópulo
Museu dos Biscaínhos
C
PRAÇA CONDE DE AGROLONGO
R. dos Biscainhos
R. do Brandão
PRAÇA DO MUNICIPIO
R. Mesicordia
R. Eça de Queirôs
R. Dr Justino Cruz
R. Capelistas
R. dos Chãos
Bom Jesus do Monte
Palais épiscopal
CAMPO DAS HORTAS
Largo da Praça Velha
R. D. Diogo de Sousa
Av. Central
PRAÇA DA REPÚBLICA
P
A
R. Paio Mendes
R. Frei Caetano
B
Catedral Sé
Rua do Souto
LARGO DO BARÃO DE SÃO MARTINHO
R. do S. João
LARGO S. JOÃO DO SOUTO
R. São Marcos
R. Pereira
R. D. Afonso Henriques
R. Dom Gonçalo
Rua
Av. da Liberdade
Teatro
LARGO CARLOS AMARANTE
R. do Anjo
Torre
CAMPO DE S. TIAGO
Hôpital St-Marc
Palácio do Raio
E
R. do Hospital
Prefeitura
R. do Raio
Museu Dom Diogo de Sousa
D
100 m
(zum BOM JESUS)
GUIMARÃES

BRAGA SEHENSWERTES

A PRAÇA DA REPÚBLICA

Der große **Platz** von Braga mit seinen Wasserspielen, Arkaden, dem Turm aus dem 14. Jh. und den Straßencafés, in denen man ein *cerveja* trinken oder *pastéis de nata* naschen kann.

B CATEDRAL SÉ

Rua Dom Paio Mendes | Eintritt

Die älteste **Kathedrale** Portugals (11. Jh.). Beeindruckende barocke Orgel aus vergoldetem Holz, prächtige Gewölbe im Chor, Schatzkammer und Kreuzgangkapellen (geschnitzte Grabmäler).

C MUSEU DOS BISCAÍNHOS

Rua dos Biscaínhos | Di–So

Einblick in das Leben einer Adelsfamilie in den reich verzierten Räumen eines Palastes aus dem 18. Jh. Küchen, Ställe, Sklavenunterkünfte und ein üppiger Garten im Barockstil.

D MUSEU DOM DIOGO DE SOUSA

R. Bombeiros Voluntários | Di–So

Das schöne archäologische Museum zeigt die Ursprünge von Braga, einer von Augustus im 1. Jh. v. Chr. gegründeten römischen Stadt: Überreste aus der Region vom Paläolithikum bis zum Mittelalter.

E PALÁCIO DO RAIO

Rua do Raio | Di–Sa | Eintritt frei

Die Rokokofassade dieses **Palastes** aus dem 18. Jh., die mit Schnitzereien und blauen Azulejos verziert ist, ist sehenswert. Er beherbergt das Museum einer religiösen Stiftung.

 Die jeweiligen Öffnungszeiten finden Sie im Register ab S. 230.

BRAGA ADRESSEN

TOUR 1

1 CAFÉ A BRASILEIRA

- Historisches Café aus dem Jahr 1907 im Jugendstil.
- Retroatmosphäre und ausgezeichneter Kaffee.

Largo do Barão de São Martinho | tgl. 7.30–1 (2 Uhr Fr, Sa)

2 CAFÉ VIANNA

- Das große Café in Braga, gegründet 1858.
- Eispause oder ein *cerveja* (Bier) zwischen Marmor und Spiegeln.

Praça da République | So–Do 9–24, Fr, Sa 9–2 Uhr

3 RETROKITCHEN

- Gute hausgemachte Gerichte zu günstigen Preisen.
- Coole Retrodekoration.

Rua do Anjo 96 | Di–Sa 12.30–14.30, 20–21.30 Uhr

4 COZINHA DA SÉ

- *Feijoada de poulpe* (Krakenfeijoada), *bacalhau com broa* (Kabeljau mit Brot).

Rua Dom Frei Caetano do Brandão 95 | Di 19–22, Mi–So 12–15, 19–22 Uhr

5 TABERNA DO FÉLIX

- Kleine Karte mit portugiesischen Spezialitäten.
- Intimer und familiärer Rahmen.

Largo da Praça Velha 17 | Mo–Sa 12–15, 19–24 Uhr, Sa mittags geschl.

6 BARHAUS

»Eine der schönsten Terrassen in Braga. Sehr empfehlenswert, wenn Sie 70er-/80er-Sounds und Themenabende mögen.«

Rua Dom Gonçalo Pereira 58 | tgl. 15–2 (4 Uhr Fr, Sa), So 19–1 Uhr

7 ESTÚDIO 22

»Café, Bar und Kunstgalerie gegenüber der Kathedrale. Vielseitiges Musikprogramm am Wochenende (Funk, Bossa, Indie).«

Rua Dom Paio Mendes 22 | Di–Sa 10–19.30 Uhr

TAGESAUSFLUG VON BRAGA

NATIONALPARK PENEDA-GERÊS

- **142 km lange Rundfahrt mit dem Auto (3.10 Std. reine Fahrzeit, gebührenpflichtig für Autos Juni–Sept.)**
- **Halte- und Parkverbot auf bestimmten Straßen (Schutzgebiete)**

NATIONALPARK PENEDA-GERÊS

Informationszentrum des Parks in Vila do Gerês

Einer der Höhepunkte der Reise! Berge, Wälder, Heidelandschaften, tiefe Schluchten, Wasserfälle, Seen und entzückende Dörfer, in denen die Zeit stehen geblieben ist. Der einzige Nationalpark Portugals bietet eine wilde Natur, die ideal für Outdoor-Aktivitäten ist: Mountainbiking, Wassersport, Reiten und Wandern (markierte Wege ab Gerês und Lindoso; bitte erkundigen Sie sich).

MATA DA ALBERGARIA

Parken am Picknickplatz 8 km nördl. von Gerês

Die Straße, die nördl. von Gerês zum Homem-Pass ansteigt, ist prächtig. In diesem Abschnitt befindet sich der bezaubernde **Wald** von Albergaria, der von der alten Römerstraße Geira durchquert wird. Ein herrlicher Spaziergang im Schatten der Eichen, vorbei an Wasserfällen und kleinen natürlichen Pools bietet sich an. Von dort aus haben Sie einen herrlichen Blick auf die Talsperre Vilarinho das Furnas und ihr versunkenes Dorf.

LINDOSO

Sie überqueren die zweimal die Grenze, bevor Sie in Lindoso eine außergewöhnliche Ansammlung von *espigueiros* erwartet: Getreidespeichern auf Stelzen, die wie Grabmäler aussehen.

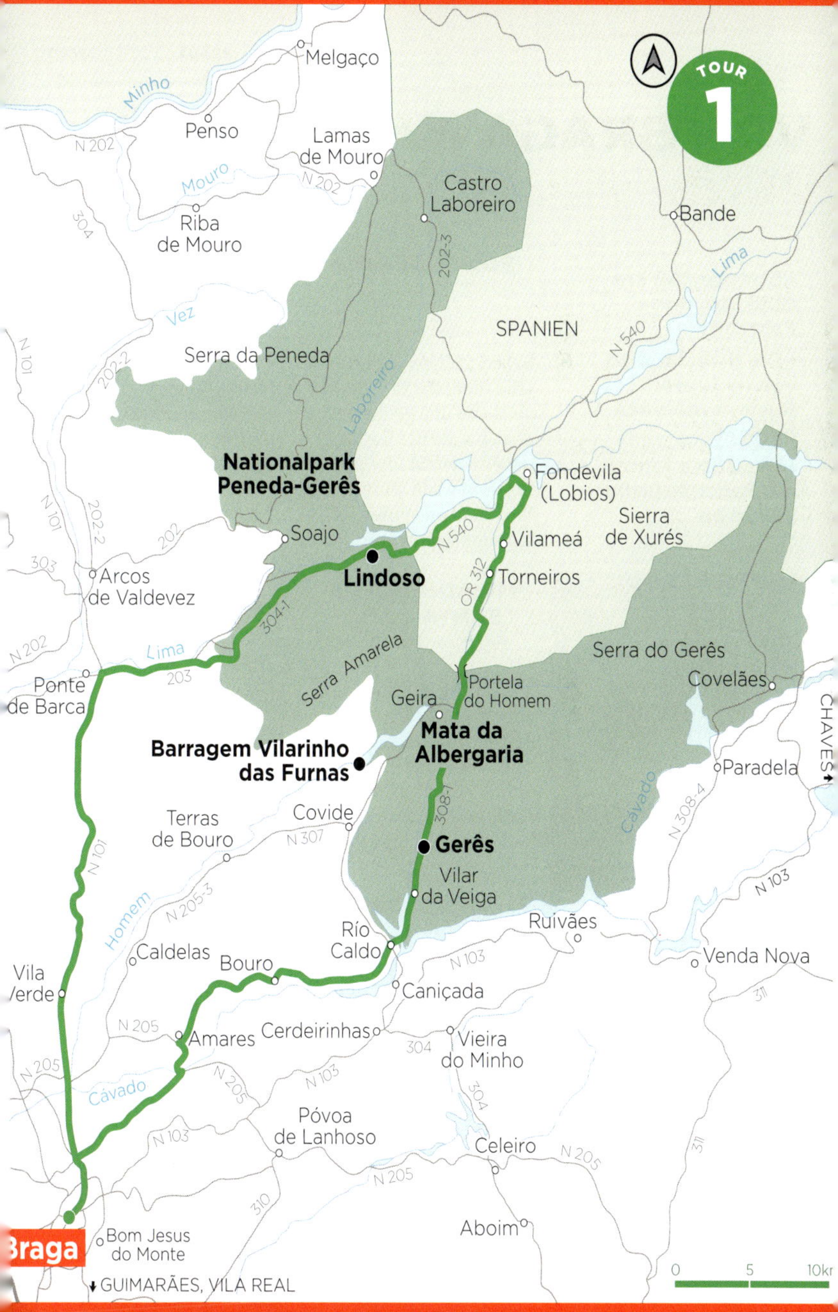

TOUR 1
Melgaço
Minho
Penso
N 202
Lamas de Mouro
Mouro
Castro Laboreiro
Riba de Mouro
Bande
202-3
Lima
SPANIEN
Vez
N 540
Serra da Peneda
Laboreiro
Nationalpark Peneda-Gerês
Fondevila (Lobios)
Sierra de Xurés
Soajo
Vilameá
Lindoso
Torneiros
OR 312
Arcos de Valdevez
304-1
Serra do Gerês
Ponte de Barca
203
Serra Amarela
Portela do Homem
Covelães
Geira
Mata da Albergaria
Barragem Vilarinho das Furnas
Paradela
CHAVES
Terras de Bouro
Covide
N 307
308-1
Cávado
N 308-4
Gerês
Vilar da Veiga
N 101
N 205-3
Homem
Ruivães
N 103
Río Caldo
Caldelas
Bouro
Venda Nova
Vila Verde
Caniçada
311
N 205
Amares
Cerdeirinhas
Vieira do Minho
304
N 205
Póvoa de Lanhoso
Celeiro
Braga
Bom Jesus do Monte
310
Aboim
GUIMARÃES, VILA REAL
0
5
10km

VON BRAGA NACH PORTO

- **Strecke: 152 km (2.15 Std. reine Fahrzeit)**
- **Die Strecke wird von mehreren Busunternehmen bedient**
- **Die Busse fahren die Sehenswürdigkeiten an**

PONTE DE LIMA

Gehen Sie über die hübsche römische Brücke über den Lima und genießen Sie den Charme der Gassen der ältesten Stadt Portugals, die von Museen, Terrassen und guten Restaurants geprägt ist.

A CARVALHEIRA

Ponte de Lima

- Das beste Restaurant in Minho. Spezialität ist *sarrabulho*, ein traditionelles Gericht auf der Basis von Schweineblut.

Rua do Eido Velho, Fornelos | Di–Sa 12–15, 19–22 Uhr, So nur mittags

MIRADOURO DE SANTA LUZIA

Estrada de Santa Luzia

Steigen Sie auf den Hügel über Viana do Castelo, auf dem eine Herz-Jesu-Basilika thront, und genießen Sie eines der schönsten Panoramen Portugals!

VIANA DO CASTELO

Ein Juwel an der Costa Verde, gleichzeitig Fischerhafen und Badeort, mit einem Zentrum aus alten Häusern, Einkaufsstraßen und dem Strand von Cabedelo, der nur einen Steinwurf entfernt ist.

PRAIA DO CABEDELO

Dieser häufig windgepeitschte Spot für Surfer, Kitesurfer und Windsurfer ist einer der schönsten Strände des Minho: 1 km Sand in Halbmondform, gesäumt von Dünen und einem Pinienwald.

TOUR 1
Monte do Faro
Barroças
Extremo
Minho
N 13
A Garda
Lanhelas
Caminha
N 201
N 301
Rubiães
Serra da Peneda
Nationalpark Peneda-Gerês
N 101
A 3 E 1
N 13
A 28
Vila Praia de Âncora
Arcos de Valdevez
Soajo
Lindoso
N 304
SPANIEN
A 27
N 201
Ponte da Barca
N 203
Miradouro de Santa Luzia
A 27
N 202
Ponte de Lima
Lima
Viana do Castelo
Serra do Gerês
N 308-1
Gerês
N 204
Praia do Cabedelo
A 3
N 201
N 101
Vilar da Veiga
Ermida
Cávado
N 103
A 28
Cerdeirinhas
Esposende
Fao
Barcelos
Braga
A 11
Bom Jesus
Monte Sameiro
N 101
A 11
Guimarães
Fafe
Vila Nova de Famalicão
Póvoa de Varzim
A 7
A 7
A 7
617
Vila do Conde
A 28
N 105
Felgueiras
Santo Tirso
N 101
N 14
A 3 E 1
A 11
Lixa
A 41
A 41
A 42
Lousada
Amarante
ATLANTISCHER OZEAN
Parades
A 4
N 210
Penafiel
Valongo
Porto
Serra do Marão
A 41
Vila Nova de Gaia
5 km

LISSABON – ÓBIDOS – AVEIRO – COIMBRA – TOMAR – MARVÃO – ÉVORA – LISSABON

LISSABON UND DAS HERZ VON PORTUGAL

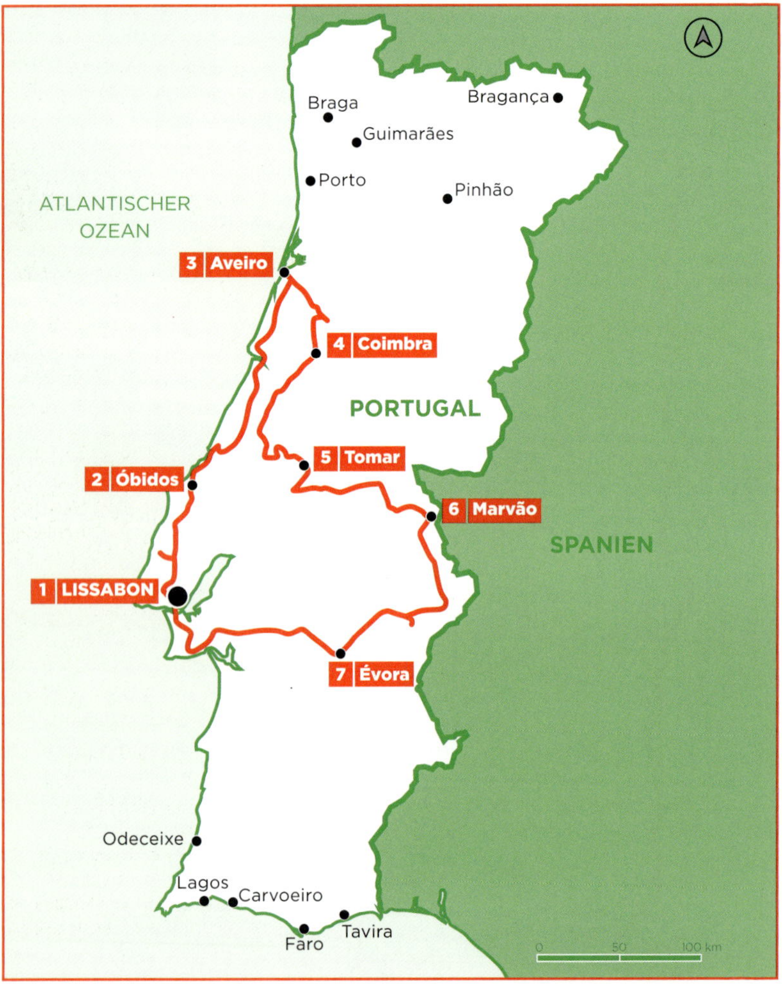

TOUR 2

Aufregende Städte, architektonische Schätze und kulinarische Genüsse: das Beste von Zentralportugal in sieben Etappen.

1 Lissabon

Kultur, Essen und Feiern
2–3 Tage

2 Óbidos

Mittelalterliche Stadt
1 Tag

3 Aveiro

Portugals Klein-Venedig
1 Tag

4 Coimbra

Studenten und Fado
1 Tag

5 Tomar

Hauptstadt der Templer
1 Tag

6 Marvão

Hoch gelegenes Dorf des Alto Alentejo
1–2 Tage

7 Évora

UNESCO-Weltkulturerbe
1 Tag

fünf Tagesausflüge

- **Von Lissabon**: Sintra und Cabo da Roca
- **Von Óbidos**: Ilhas Berlengas
- **Von Aveiro**: Ria de Aveiro
- **Von Évora**: Monsaraz und der Alqueva-Stausee

ETAPPE 1 LISSABON

VOM FLUGHAFEN INS ZENTRUM

Metro: rote Linie (Vermelha) und dann grüne Linie (Verde) an der Station Alameda, um ins Stadtzentrum zu gelangen; 30 Min.
Aerobus: ca. 30 Min.
Taxi: 20–25 Min.

UNTERWEGS IN LISSABON

Gehen Sie zu Fuß, benutzen Sie aber auch öffentliche Vekehrsmittel: Lissabon ist weitläufig und auf sieben Hügeln gebaut!
Zu Fuß: viele Fußgängerzonen in den Vierteln Baixa, Bairro Alto und Alfama. Steile Straßen, rutschiges Kopfsteinpflaster (die berühmte *calçada portuguesa*, die aus kleinen schwarz-weißen Pflastersteinen besteht!) und Treppen. Gutes Schuhwerk mitbringen und ohne Kinderwagen losgehen.
Metro: vier Linien.
Carris:
- Bus
- fünf Straßenbahnlinien (*elétricos*)
- drei Standseilbahnen (*ascensores*)
- ein Aufzug (Elevador de Santa Justa

Carte Viva Viagem: aufladbare Karte, die im gesamten Carris-Netz und in der U-Bahn gültig ist. Erhältlich in der U-Bahn, an Carris-Kiosken, PayShop-Agenturen und Postämtern. Kann auf verschiedene Arten aufgeladen werden: Einzelfahrschein, 24-Stunden-Pass oder Betrag nach Wahl.
Auto: viel Verkehr und teure Parkplätze im Zentrum.

TOUR 2

SEHENSWERTES

Wir haben Lissabon in **vier Stadtteile** aufgeteilt: 1) Baixa, Chiado und Bairro Alto, 2) Alfama, Castelo und Graça, 3) Belém, 4) Entlang des Tejo. In zwei Tagen erhalten Sie einen guten Überblick über die Stadt. Rechnen Sie mit 15–20 Min. Fußweg zwischen der Praça do Comércio und dem Castelo São Jorge. Die abgelegenen Stadtteile sind leicht mit der Straßenbahn zu erreichen (Lapa, Alcântara, Belém). Lassen Sie nichts sichtbar im Auto liegen. Seien Sie in den Straßenbahnen auf der Hut vor Taschendieben, vor allem in den Linien 15 und 28.

RESERVIERUNGEN

Sehr empfehlenswert für Unterkünfte zu Ostern und von Juni (während der Feste in Lissabon!) bis Oktober, für gehobene Restaurants, generell am Wochenende und für Fadokonzerte und -abende.

NÜTZLICHE ADRESSEN

In der **Touristeninfo** »Ask Me Lisboa« (praça do Comércio) können Sie die Lisboa Card kaufen. www.visitlisboa.com
Bei der **Policia de Segurança Pública** (Palácio Foz, praça dos Restauradores) können Sie den Verlust oder Diebstahl von Gegenständen melden.

Aeroporto
Estrada de Benfica
R. Conde de Almoster
Estr. das Laranjeiras
Jardim zoológico
IC 17
IC 19
Parque Florestal de Monsanto
Aqueduto das Águas Livres
N 117
A 5
Av. E. Duarte Pacheco
Ponte
Ceuta
Descobertas
4 Entlang des Tejo
Avenida da Ponte
Avenida de Ceuta
3 Belém
Av. das Descobertas
Estr. do Caramão
Calç. da Ajuda
Calç. da Tapada
Pálacio da Ajuda
Ilha da Madeira
Museu Nacional de Etnologia
Jardim botânico da Ajuda
A 36
Av. do Restelo
Mosteiro dos Jerónimos
BELÉM
Museu Nacional dos Coches
R. de Belém
R. da Junqueira
Museu da Marinha
PR. DO IMPERIO
Museu Colecção Berardo
Avenida da Índia
MAAT
Torre de Belém
Padrão dos Descobrimentos
OEIRAS
L. DE ALCÂNTARA
Av. Infante
R. Pr. Arriaga
LX Factory
Museu do Orient
Doca de Alcântara
Doca de Santo Amaro
PONTE 25 DE ABRIL
ALMADA

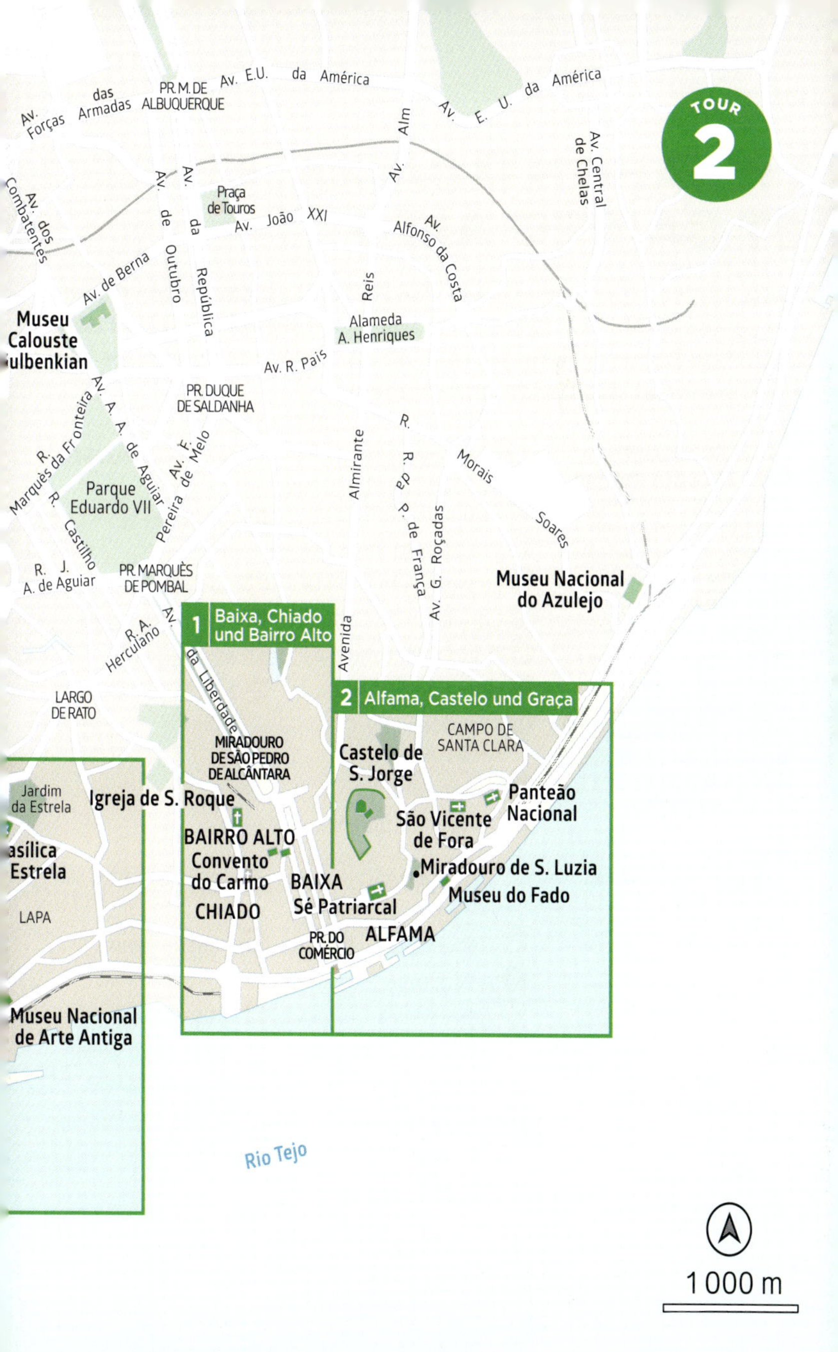

TOUR 2
Av. Forças Armadas
PR. M. DE ALBUQUERQUE
Av. E.U. da América
Av. E. U. da América
Av. Alm
Av. Central de Chelas
Av. dos Combatentes
Av. de Outubro
Av. da República
Praça de Touros
Av. João XXI
Av. Alfonso da Costa
Av. de Berna
Reis
Alameda A. Henriques
Museu Calouste Gulbenkian
Av. R. Pais
PR. DUQUE DE SALDANHA
Av. A. A. de Aguiar
R. Marquês da Fronteira
Parque Eduardo VII
Av. F. Pereira de Melo
R. Castilho
R. J. A. de Aguiar
PR. MARQUÊS DE POMBAL
Almirante
R. R. da P. de França
Av. G. Roçadas
R. Morais Soares
Museu Nacional do Azulejo
1 Baixa, Chiado und Bairro Alto
Av. da Liberdade
R. A. Herculano
Avenida
LARGO DE RATO
2 Alfama, Castelo und Graça
CAMPO DE SANTA CLARA
Castelo de S. Jorge
MIRADOURO DE SÃO PEDRO DE ALCÂNTARA
Jardim da Estrela
Igreja de S. Roque
Panteão Nacional
São Vicente de Fora
BAIRRO ALTO
Convento do Carmo
Miradouro de S. Luzia
Basílica Estrela
BAIXA
Museu do Fado
CHIADO
Sé Patriarcal
LAPA
PR. DO COMÉRCIO
ALFAMA
Museu Nacional de Arte Antiga
Rio Tejo
1000 m

LISSABON 1 BAIXA, CHIADO ET BAIRRO ALTO

Zwischen den Einkaufsstraßen von Baixa, dem eleganten Chiado mit seinen Cafés und Boutiquen aus einer anderen Zeit und dem festlichen Bairro Alto findet man einen Hauch von Nostalgie und ein Konzentrat des Lissabonner Lebens!

- **Das Stadtzentrum lässt sich gut zu Fuß erkunden: Aufzug, um von Baixa nach Chiado hinaufzufahren, Standseilbahn zum Bairro Alto**
- **Nehmen Sie die Metrolinie S. Sebastião (blaue Linie von Baixa), um zum Museu Calouste Gulbenkian zu kommen, das sich nördl. des Zentrums befindet**

SEHENSWERTES

- A Praça do Comércio
- B Praça Dom Pedro IV
- C Elevador Santa Justa
- D Convento do Carmo
- E A Vida Portuguesa
- F Igreja de São Roque
- G Miradouro de Alcântara
- H Bairro Alto
- I Museu C. Gulbenkian

MITTAGSPAUSE

1. Confeitaria Nacional
2. Kaffehaus
3. Pitaria Avillez
4. Manteigaria
5. Mercado da Ribeira

RESTAURANTS

6. Café Martinho da Arcada
7. A Cevicheria
8. Taberna da rua das Flores
9. Sea Me
10. Taberna Portuguesa
11. 100 Maneiras

BARS

12. Bebedouro
13. A Ginjinha
14. A Brasileira
15. Pavilhão Chinês
16. Noobai Café
17. Sol e Pesca
18. The Park

AUSGEHEN

19. Pensão Amor
20. Povo
21. Music Box
22. A Tasca do Chico
23. Páginas Tantas
24. Teatro Nacional de São Carlos

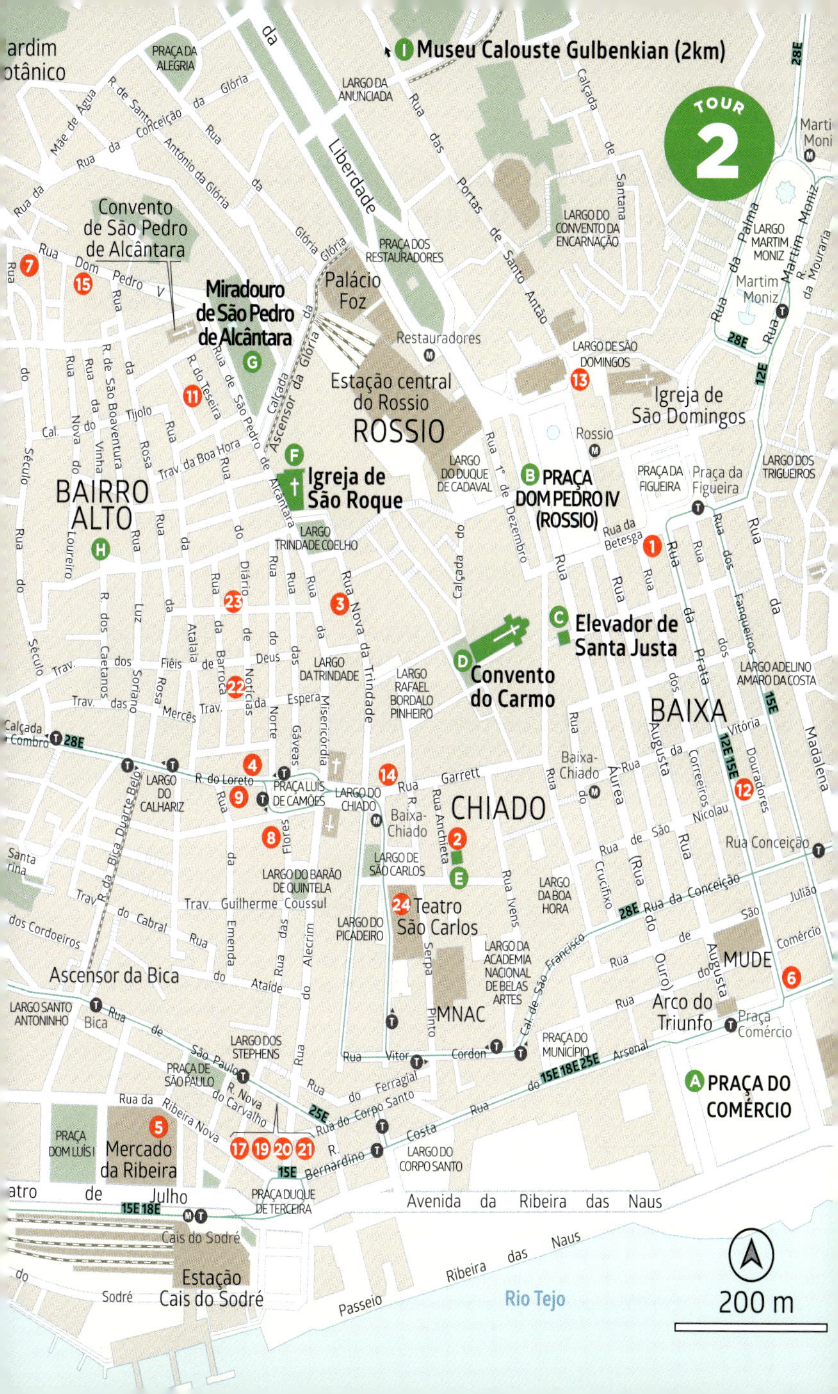

TOUR 2
I Museu Calouste Gulbenkian (2km)
Jardim Botânico
Convento de São Pedro de Alcântara
Miradouro de São Pedro de Alcântara
G
Palácio Foz
Restauradores
Praça dos Restauradores
Estação central do Rossio
ROSSIO
F
Igreja de São Roque
BAIRRO ALTO
H
Largo Trindade Coelho
Largo do Duque do Cadaval
B PRAÇA DOM PEDRO IV (ROSSIO)
Rossio
Largo de São Domingos
Igreja de São Domingos
Largo do Convento da Encarnação
Largo da Anunciada
Praça da Alegria
Largo Martim Moniz
Martim Moniz
Praça da Figueira
Largo dos Trigueiros
C Elevador de Santa Justa
D Convento do Carmo
Largo da Trindade
Largo Rafael Bordalo Pinheiro
BAIXA
Largo Adelino Amaro da Costa
Baixa-Chiado
CHIADO
Largo do Chiado
Praça Luís de Camões
Largo do Calhariz
Largo do Barão de Quintela
Largo de São Carlos
E
Teatro São Carlos
Largo do Picadeiro
Largo da Boa Hora
Largo da Academia Nacional de Belas Artes
MNAC
MUDE
Arco do Triunfo
Praça do Município
A PRAÇA DO COMÉRCIO
Ascensor da Bica
Largo Santo Antoninho
Largo dos Stephens
Praça de São Paulo
Praça Dom Luís I
Mercado da Ribeira
Praça Duque de Terceira
Largo do Corpo Santo
Cais do Sodré
Estação Cais do Sodré
Avenida da Ribeira das Naus
Rio Tejo
200 m

LISSABON SEHENSWERTES

1 BAIXA, CHIADO UND BAIRRO ALTO

A PRAÇA DO COMÉRCIO

Arkadenpalast und Triumphbogen: der große barocke **Platz**, der sich zum Tejo hin öffnet, ist das Juwel der Unterstadt (Baixa), die nach dem Erdbeben von 1755 wiederaufgebaut wurde.

B PRAÇA DOM PEDRO IV (ROSSIO)

Der Puls der Stadt schlägt auf dem historischen **Platz**, auch Rossio genannt, zwischen Theater, neomanuelinischem Bahnhof, Springbrunnen, legendären Konditoreien, alten Cafés und *Ginjinha*-Bars.

C ELEVADOR DE SANTA JUSTA

Rua de Santa Justa | Ticket

Bestaunen Sie die Stadt von oben. Der **Aufzug** aus dem Jahr 1902, bringt Sie von Baixa nach Chiado. Prächtige neugotische Eisenarchitektur, entworfen von einem Schüler von Gustave Eiffel.

D CONVENTO DO CARMO

Largo do Carmo | Eintritt

Wunderschöne gotische Ruinen der **Karmeliterkirche**, die von dem Erdbeben von 1755 zeugen. Das archäologische Museum zeigt präkolumbianische Mumien, Sarkophage und Azulejos.

E A VIDA PORTUGUESA

Rua Anchieta 11

»Ein Laden, an dem man nicht vorbeikommt, wenn man ein authentisches Souvenir aus Portugal sucht. Körbe, Teppiche, Keramik.«

Mo–Sa 10–20, So 11–20 Uhr

F IGREJA DE SÃO ROQUE

Largo Trindade Coelho

Diese **Kirche** ist ein Werk der Jesuiten und beherbergt die prächtige Kapelle São João Batista, ein Meisterwerk des italienischen Barocks, das mit Gold, Elfenbein und Edelsteinen überhäuft ist.

G MIRADOURO DE SÃO PEDRO DE ALCÂNTARA

Romantischer **Aussichtspunkt** mit einer beliebten Bar, von der aus man einen herrlichen Blick auf die Burg São Jorge hat! Mit dem alten Ascensor da Glória (praça dos Restauradores) erreichen Sie ihn.

H BAIRRO ALTO

Zwischen rua do Loreto und rua Dom Pedro V

Ein kleines Dorf in der Stadt mit gepflasterten Gassen und bunten Häuschen. Hotspot des Nachtlebens mit Legionen von kleinen Bars und trendigen Geschäften, die lange geöffnet haben.

I MUSEU C. GULBENKIAN

Av. de Berna 45A | Di geschl.

Ägyptische und islamische Kunst, mittelalterliche Manuskripte, Gemälde von Rembrandt und Degas, Jugendstilschmuck von René Lalique: die fabelhafte Sammlung eines Ölmagnaten.

 Die jeweiligen Öffnungszeiten finden Sie im Register ab S. 230.

TOUR
2
PÁTIO DA GALÉ
LISBOA

LISSABON MITTAGSPAUSE

1 BAIXA, CHIADO UND BAIRRO ALTO

1 CONFEITARIA NACIONAL

- Eine Institution seit 1829!
- Portugiesisches Gebäck (*pastel de nata, bolo rei, pão de ló*) und Tagesgerichte.

Praça da Figueira 18 B/C | *tgl. 8.30–19.30 Uhr*

2 KAFFEHAUS

- Angesagtes Café in Chiado.
- Wiener und mediterrane Küche.

Rua Anchieta 3 | *tgl. 11.30–23 Uhr*

3 PITARIA AVILLEZ

»Eines der neuesten Konzepte von Chefkoch José Avillez: leckere Pitas mit iberischen und orientalischen Aromen.«

Rua Nova da Trindade 11 | *So–Do 12–24, Fr, Sa 12–1 Uhr*

4 MANTEIGARIA

»Wenn der Ruf der *pastel de nata* zu stark ist, müssen Sie hier haltmachen! Sie werden vor Ihren Augen zubereitet und noch lauwarm serviert.«

Rua do Loreto 2 | *tgl. 8–24 Uhr*

5 MERCADO DA RIBEIRA

- Gigantischer Restaurantbereich in den Markthallen von 1892.
- Portugiesische Spezialitäten und Stände von Spitzenköchen.

Av. 24 de Julho | *tgl. 10–24 (2 Uhr Do–Sa)*

LISSABON RESTAURANTS

1 BAIXA, CHIADO UND BAIRRO ALTO

6 CAFÉ MARTINHO DA ARCADA

- Das älteste Café-Restaurant in Lissabon, eröffnet im Jahr 1782.
- Lokale Gerichte, Terrasse unter den Arkaden.

Praça do Comércio 3 | Mo–Sa 12–22, So 12–16, 19–22 Uhr

7 A CEVICHERIA

- Das Fischrestaurant von Chefkoch Kiko Martins.
- Leckere Ceviche, Tapas und peruanische Cocktails.

Rua Dom Pedro V 129 | tgl. 12–23 Uhr

8 TABERNA DA RUA DAS FLORES

- Lissabonner Rezepte und *petiscos* aus dem Meer.
- Hübsche kleine Taverne mit Retrocharme.

Rua das Flores 103 | Mo–Do 12–16, 18–23.30 Uhr

9 SEA ME

- Meeresfrüchte und Sushi auf Gourmetniveau.
- Herzmuscheln mit Knoblauch, Jakobsmuscheln mit Mango …

Rua do Loreto 21 | tgl. 12.30–15.30, 19.30–24 Uhr (durchgehend Sa, So)

10 TABERNA PORTUGUESA

- Die Klassiker der portugiesischen Küche in der *petiscos*-Version (Tapas).
- Einfach, günstig und lecker!

Calçada do Combro 115 | Mo–Sa 18–22.30 Uhr

11 100 MANEIRAS

- Guter Service und großartige Küche!
- Ein gastronomisches Erlebnis; Reservierung unbedingt erforderlich.

Rua do Teixeira 35 | tgl. 19–1 Uhr | Tel. 910 918 181

LISSABON BARS

1 BAIXA, CHIADO UND BAIRRO ALTO

12 BEBEDOURO

- Gemütliche zeitgenössische Weinbar.
- Weine aus Nordportugal (Vinho Verde, Portwein) und *petiscos* (Tapas).

Rua de São Nicolau 24 | Mi–Mo 12–24 Uhr

13 A GINJINHA

- Aperitif nach Lissaboner Art in der ältesten *Ginjinha*-Bar Lissabons (1840).
- Man trinkt den Kirschlikör auf dem Bürgersteig.

Largo de São Domingos 8 | tgl. 9–22 Uhr

14 A BRASILEIRA

- Das berühmteste Literaturcafé Lissabons, in dem der Dichter Fernando Pessoa ein- und ausging.
- Jugendstildekor von 1905. Es ist immer was los.

Rua Garrett 120–122 | tgl. 8–22 Uhr

15 PAVILHÃO CHINÊS

- Kitschige und ungewöhnliche Cocktailbar.
- Echtes Kuriositätenkabinett, das vom Boden bis zur Decke mit Sammlerstücken gefüllt ist.

Rua Dom Pedro V 89–91 | tgl. 18–2 Uhr

16 NOOBAI CAFÉ

- Beliebte Terrasse für einen Drink bei Sonnenuntergang.
- Atemberaubende Aussicht auf den Tejo und die Ponte 25 de Abril.

Miradouro de Santa Catarina | tgl. 10–24 Uhr

17 SOL E PESCA

- Beliebte Fischerbar für den Aperitif.
- Portugiesische Weine und Sardinen aus der Dose.

Rua Nova do Carvalho 44 | tgl. 12–1 Uhr

18 THE PARK

- Rooftop-Bar auf einem Parkhaus.
- DJs und magischer Blick auf den Tejo bei Sonnenuntergang!

Calçada do Combro 58 | Sommer Mo–Sa 13–2, Winter Di–Sa 13–2, So 13–20 Uhr

LISSABON AUSGEHEN

1 BAIXA, CHIADO UND BAIRRO ALTO

19 PENSÃO AMOR

• Bordell, das in eine trendige Club-Bar umgewandelt wurde.
• Deko im Boudoir-Stil, DJ-Sets und Burlesque-Shows.
Rua Nova do Carvalho 36–38 | So–Mi 12–3, Do–Sa 12–4 Uhr

20 POVO

• Zeitgenössische *tasca*.
• Abendessen mit Fado Di–So 20–22 Uhr.
Rua Nova do Carvalho 32–36 | So–Mi 18–2, Do–Sa 18–4 Uhr

21 MUSIC BOX

• Der Tempel der Indie-Musik!
• Pop-, Rock-, Hip-Hop- und Elektrokonzerte. Clubbing bis zum Morgengrauen.
Rua Nova do Carvalho 24 | Mo–Sa 22–6 Uhr

22 A TASCA DO CHICO

• Kleine authentische *tasca*, um *fado vadio* (Amateure) zu hören.
• Fado-Sessions Mo und Mi um 21.30 Uhr; früh kommen!
Rua do Diário de Notícias 39 | Di–So 12–24 Uhr | Eintritt frei

23 PÁGINAS TANTAS

• Jazz, Cocktails und gute Stimmung.
• Kostenlose Jazz-Konzerte Mi–Sa um 22 Uhr.
Rua do Diário de Notícias 85 | tgl. 20.30–2 (3 Uhr Fr, Sa)

24 TEATRO NACIONAL DE SÃO CARLOS

• Prächtiges Theater aus dem Jahr 1793, in dem das portugiesische Symphonieorchester auftritt.
• Oper, Ballett, Theater.
Largo de São Carlos

LISSABON 2 ALFAMA, CASTELO UND GRAÇA

Wäsche an den Fenstern, der Duft von gegrillten Sardinen, Fado-Melodien: ein Spaziergang durch die steilen Gassen der ältesten Viertel Lissabons mit volkstümlicher Atmosphäre.

- **Auf einem Hügel errichtete Viertel. Mit der Straßenbahn 28 zum Castelo (Burg) hochfahren und dann zu Fuß durch die Gassen der Alfama wieder hinuntergehen.**
- **Museu Nacional do Azulejo: Busse 759, 794 oder Metrolinie Santa Apolónia und 20 Min. zu Fuß**

SEHENSWERTES

- A Tram 28
- B Castelo de São Jorge
- C Miradouro de Santa Luzia
- D Sé Patriarcal
- E Museu do Fado
- F Mosteiro de São Vicente
- G Panteão Nacional
- H Museu N. do Azulejo

MITTAGSPAUSE

- 1 Café Pit
- 2 Clara Clara Café
- 3 Princesa do Castelo
- 4 DeliDelux

RESTAURANTS

- 5 A Travessa do Fado
- 6 Páteo 13
- 7 O Pitéu da Graça
- 8 Santa Clara dos Cogumelos

BARS

- 9 Wine Bar do Castelo
- 10 LisBeer
- 11 Memmo Alfama Terrace
- 12 Botequim
- 13 Miradouro da Graça

AUSGEHEN

- 14 Chapitô
- 15 Clube do Fado
- 16 Parreirinha de Alfama
- 17 Damas

TOUR 2
GRAÇA
Miradouro da Graça
Igreja e Convento da Graça
Tram 28
Mercado de Santa Clara
Jardim Botto Machado
Museu N. do Azulejo (1,4 km)
MOURARIA
Panteão Nacional
Castelo de São Jorge
Mosteiro de São Vicente de Fora
Santa Apolónia
CASTELO
ALFAMA
Miradouro de Santa Luzia
Igreja de São Miguel
Museu do Fado
Igreja e Museu Santo António
Sé Patriarcal
Doca do Jardim do Tabaco
Chafariz de El-Rei
Jardim do Tabaco
Doca da Marinha
Rio Tejo
Avenida Infante Dom Henrique
200 m

LISSABON SEHENSWERTES

2 ALFAMA, CASTELO UND GRAÇA

A TRAM 28

Komplette Strecke von Martim Moniz nach Campo de Ourique

Nehmen Sie die legendäre, rund 100 Jahre alte gelbe Straßenbahn für eine Fahrt durch die schönsten Viertel von Lissabon: Graça, Alfama, Baixa, Chiado, Estrela.

B CASTELO DE SÃO JORGE

Santa Cruz do Castelo | Eintritt

Ein Spaziergang im Schatten von Pinien zwischen den Überresten einer ehemaligen königlichen **Burg**. Von den Festungsmauern hat man einen tollen Panoramablick über die Stadt und den Tejo.

C MIRADOURO DE SANTA LUZIA

Dieser **Aussichtspunkt** mit Blick auf den Tejo und die Dächer der Alfama ist einer der romantischsten mit seiner blumengeschmückten Pergola und den schönen Azulejos.

D SÉ PATRIARCAL

Largo de Santo António da Sé | Schatzkam./ Kreuzgang Eintritt

Eine schlichte Kathedrale aus dem 12. Jh., in der der heilige Antonius von Padua getauft wurde. In der Schatzkammer befindet sich die mit 4120 Edelsteinen besetzte Monstranz von Joseph I.

E MUSEU DO FADO

Largo do Chafariz de Dentro 1 | Di–So | Eintritt

Hier erfährt man alles über die Geschichte dieser in Lissabon entstandenen musikalischen Strömung. Audiovisueller Rundgang zwischen Kostümen, Musikinstrumenten und Partituren.

F MOSTEIRO DE SÃO VICENTE DE FORA

Largo de São Vicente

Das **Kloster** aus dem 16. Jh. beherbergt die größte Sammlung barocker Azulejos der Welt. Kuriosität: Auf Tafeln werden Fabeln von La Fontaine illustriert.

G PANTEÃO NACIONAL

Campo de Sta Clara | Di–So

Die Kirche Santa Engrácia bricht den Rekord für die längste Bauzeit: drei Jahrhunderte! **Pantheon** zum Gedenken an die berühmten Persönlichkeiten Portugals, von Vasco da Gama bis Amália Rodrigues.

H MUSEU N. DO AZULEJO

R. Madre de Deus 4 | Di–So

Erfahren Sie alles über die Azulejo-Kunst! Die Sammlung befindet sich in einem wunderschönen Kloster aus dem 16. Jh. Ein 23 m langes Wandbild zeigt Lissabon vor dem Erdbeben.

 Die jeweiligen Öffnungszeiten finden Sie im Register ab S. 230.

TOUR
2

LISSABON MITTAGSPAUSE

2 ALFAMA, CASTELO UND GRAÇA

1 CAFÉ PIT

• Tapas, vegetarische Gerichte, Sandwiches.
• Ein netter Zwischenstopp.
Rua Augusto Rosa 19–21 | Mo–Sa 12–22, So 9–17 Uhr

2 CLARA CLARA CAFÉ

• Kiosk in einem Garten mit Blick auf den Tejo.
• Hausgemachte Snacks, Sandwiches, Limonade.
Jardim Botto Machado, Campo de Santa Clara | So–Do 10–22.30, Fr bis 15 Uhr

3 PRINCESA DO CASTELO

• Vegetarische Gerichte, Smoothies und *pastéis de nata*.
• Sanfte Hippie-Hipster-Atmosphäre.
Rua do Salvador 64 A | Di–Fr 12–15.30, 18–22, So 12–15.30 Uhr

4 DELIDELUX

• Moderner Lebensmittelladen und Cafeteria.
• Zum Brunch mit Blick aufs Wasser.
Av. Infante Dom Henrique, Armazém B, Loja 8 | tgl. 10–18 Uhr

LISSABON RESTAURANTS

2 ALFAMA, CASTELO UND GRAÇA

TOUR 2

5 A TRAVESSA DO FADO

- *Petiscos* und Schmorgerichte.
- Modern eingerichtet und mit großer Terrasse.

Largo do Chafariz de Dentro 1 | Mi–So 12–23 Uhr

6 PÁTEO 13

- Fleisch und Fisch vom Grill.
- Zwanglos auf kleinem Raum.

Calçadinha Santo Estêvão 13 | Di–So 12–14.30, 19–22.30 Uhr

7 O PITÉU DA GRAÇA

- Typisches portugiesisches Restaurant für die Nachbarschaft.
- Kabeljau, Schweinefleisch mit Venusmuscheln.

Largo da Graça 95 | Mo–Fr 12–15, 19–22, Sa 12–15 Uhr

8 SANTA CLARA DOS COGUMELOS

- Pilze von der Vorspeise bis zum Dessert.
- *Pica pau* von Austernpilzen und Pilzeis. Originell und köstlich.

Mercado de Santa Clara | Di–So 19.30–23 (Sa 13–15 Uhr)

LISSABON BARS

2 ALFAMA, CASTELO UND GRAÇA

9 WINE BAR DO CASTELO

- Gemütliche Weinbar.
- Portugiesische Weine, Portweine, Käse und Wurstwaren.

Rua Bartolomeu de Gusmão | tgl. 13–22 Uhr

10 LISBEER

- Bierbar mit 250 Sorten.
- Portugiesische Craft-Biere.

Beco do Arco Escuro 1 | Di–Do 16–1, Fr, Sa 16–2 Uhr

11 MEMMO ALFAMA TERRACE

»Ein Geheimtipp in Alfama. Man geht wegen des wunderschönen Panoramas oder der romantischen Sonnenuntergänge dorthin.«

Trav. das Merceeiras 27 | tgl. 12–23 Uhr

12 BOTEQUIM

- Boheme-Café, das bei Einheimischen beliebt ist.
- Fröhliche Atmosphäre und gute Musik.

Largo da Graça 79 | tgl. 11–1 Uhr

13 MIRADOURO DA GRAÇA

- Aussichtspunkt mit beliebter Bar.
- Magischer Blick über Lissabon bei Einbruch der Dunkelheit.

Largo de Nossa Senhora da Graça | bis 2 Uhr

LISSABON AUSGEHEN

2 ALFAMA, CASTELO UND GRAÇA

14 CHAPITÔ

- Restaurant, Bar, Zirkusschule: ein hybrider Ort!
- Schöne Aussicht auf den Tejo, Livemusik, Theater und DJ-Sets.

Photo | *Costa do Castelo 7* | *tgl. 12–2 Uhr*

15 CLUBE DE FADO

- Hochklassiger Fado, sehr touristische Adresse.
- Portugiesische Küche.

Rua de São João da Praça 94 | *tgl. 19.30–1 Uhr*

16 PARREIRINHA DE ALFAMA

- *Casa de fado*, gegründet von der Fado-Sängerin Argentina Santos.
- Sehr bekannt und entsprechend touristisch.

Beco do Espírito Santo 1 | *Di–So 20–1 Uhr*

17 DAMAS

- Bar, Restaurant und Konzertsaal.
- Spot für coole Leute und Elektroklänge.

Rua da Voz do Operário 60 | *Di–Do 18–2, Fr 18–4, Sa 12–4, So 17–24 Uhr*

LISSABON 3 BELÉM

Eine Ansammlung spektakulärer Denkmäler und spannender Museen, zwischen Überresten aus der Zeit der Entdeckungen und minimalistischer Architektur. Mit der Straßenbahn Richtung Mündung des Tejo!

- **15 Min. vom Zentrum mit der Tram 15 (Vorsicht vor Taschendieben)**
- **Sehr touristisch, früh kommen für das Hieronymitenkloster (Mosteiro dos Jerónimos) und den Torre de Belém (mit Lisboa Card oder Kombiticket geht es am Turm in der rechten Schlange schneller)**

SEHENSWERTES

- A Mosteiro dos Jerónimos
- B Museu da Marinha
- C Museu Colecção Berardo
- D Torre de Belém
- E Padrão dos Descobrimentos
- F Museu N. dos Coches
- G MAAT

RESTAURANTS

1. Belém 2 a 8
2. Os Jerónimos
3. Pastéis de Belém
4. Pao Pao Queijo Queijo
5. Alecrim & Manjerona
6. Espaço Espelho d'Água

AUSGEHEN

7. Centro Cultural de Belém
8. À Margem
9. Bar 38° 41'
10. Sud Lisboa

TOUR 2
Rua Antão Gonçalves
Rua Gonçalo Velho Cabral
R. Diego de Silves
Rua Saldanha
Antonio
Rua dos Jerónimos
R. Tristão Vaz
Calçada Galvão
Rua Açucenas
Palácio nacional da Ajuda
Rua do Cruzeiro
Eduardo Bairrada
Jardim botânico da Ajuda
Zarco
R. Gonçalves
Memoria
R. Laranjal
Ajuda
R. Bica do Marquês
Rua de Dom Vasco
Museu nacional de Etnologia
R. Rui Pereira
R. Pêro de Alenquer
R. Terras
R. Galvão
Calçada
R. A. Operária
Rua Nova do Calhariz
Rua dos Quartéis
Calçada Boa Hora
R. Pêro da Covilhã
Rua Gil Eanes
R15
Calçada do Galvão
Calçada da Ajuda
Rua Alexandre de Sa Pinto
Rua de Alcolena
Jardim Ducla Sorres
Avenida do Restelo
R 7
R 1
Jardim botânico tropical
Rua Pinto Ferreira
R. D. Lourenço de Almeida
PRAÇA DE MALACA
PRAÇA DE DIO
Mosteiro dos Jerónimos
Igreja Santa Maria
Palácio de Belém
Rua de Belém
Dom Francisco de Almeida
A
Planetário
Museu da Marinha
LARGO DOS JERÓNIMOS
T. do Marta Pinto
Rua Embaixador
Rua da Junqueira
5
4
3
2
1
S. Francisco Xavier
Avenida da Torre de Belém
B
PRAÇA DO IMPÉRIO
PRAÇA AFONSO DE ALBUQUERQUE
Avenida da Índia
Avenida de Brasília
7
Centro Cultural de Belém
Fonte Luminosa
C Museu Colecção Berardo
Bartolomeu Dias
F Museu Nacional dos Coches
G MAAT
10
Doca de Belém
6
E
Padrão dos Descobrimentos
Doca do Bom Sucesso
9
8
Museu de Arte popular
D Torre de Belém
Rio Tejo
200 m

LISSABON SEHENSWERTES

3 BELÉM

A MOSTEIRO DOS JERÓNIMOS

Praça do Império | Di–So | Kirche Eintritt frei, Kreuzgang Eintritt | Lange Schlange beim Ticketkauf

Dieses **Kloster der Hieronymiten** (16. Jh.) ist ein Meisterwerk der manuelinischen Architektur und ein Symbol für die Zeit der großen Entdeckungen. In der atemberaubenden Kirche befinden sich die Gräber des Seefahrers Vasco da Gama und des Dichters Luís de Camões. Der Kreuzgang ist ein Wunder der Steinmetzkunst! Bewundern Sie die Skulpturen an den Säulen, jede scheint einzigartig zu sein.

B MUSEU DA MARINHA

Praça do Império | Eintritt

Große maritime Heldenerzählung Portugals, illustriert mit alten Karten, Globen, Schiffsmodellen und Booten. Luxuriöse Inneneinrichtung der ehemaligen königlichen Yacht *Amélia*.

C MUSEU COLECÇÃO BERARDO

Centro Cultural de Belém

Fabelhafte Sammlung moderner und zeitgenössischer Kunst des Milliardärs José Berardo. Für Fans von Kubismus, Dadaismus, Surrealismus oder Pop-Art! Hochkarätige Ausstellungen.

D TORRE DE BELÉM

Av. de Brasília | Di–So | Eintritt

Die Festung am Wasser ist ein Symbol für das goldene Zeitalter der großen Entdeckungen und ein Meisterwerk der manuelinischen Architektur. Die Aussicht vom **Turm** ist großartig.

E PADRÃO DOS DESCOBRIMENTOS

Av. de Brasília | Eintritt

Imposantes **Denkmal** (52 m hoch), das unter Salazar zum Gedenken an die großen portugiesischen Seefahrer Vasco da Gama und Magellan errichtet wurde. Aufzug zum Aussichtspunkt.

F MUSEU NACIONAL DOS COCHES

Av. da Índia 136 | Di–So | Eintritt

Eine märchenhafte Sammlung von **Kutschen** aus dem 17.–20. Jh.: Spazier-, Reise- und Prunkwagen mit überschwänglichem Luxus. Sehen Sie sich auch die alte königliche Reithalle (Picadeiro Real) an.

G MAAT

Av. de Brasília | Mi–Mo | Eintritt

Das spektakuläre junge **Mueum für Kunst, Architektur und Technologie** ist die Ikone am Ufer des Tejo! Spazieren Sie über sein wellenförmiges Dach und blicken Sie auf den Fluss.

TOUR 2

LISSABON RESTAURANTS

3 BELÉM

1 BELÉM 2 A 8

- Modernes Bistro.
- *Petiscos* und typisch portugiesische Gerichte wie etwa *bacalhau*.

Rua de Belém 2 | tgl. 12–15, 19–22.30 Uhr

2 OS JERÓNIMOS

- Einfache und herzhafte portugiesische Küche.
- Schnelle und gut gelaunte Bedienung.

Rua de Belém 74–78 | Di–So 12–23 Uhr

3 PASTÉIS DE BELÉM

- Probieren Sie die berühmten *pastéis de Belém*, die hier seit 1837 hergestellt werden!
- Herzhafte Alternativen für das Mittagessen.

Rua de Belém 84 | tgl. 8–23, Sommer bis 24 Uhr

4 PAO PAO QUEIJO QUEIJO

- Für den schnellen Snack zwischendurch.
- Wraps, Kebab, Salate, Sandwiches; Gerichte zu kleinen Preisen.

Rua de Belém 126 | tgl. 10–23.30 (20 Uhr So)

5 ALECRIM & MANJERONA

- Kleines Café und Lebensmittelgeschäft abseits der Massen.
- Tagesgericht und hausgemachte Kuchen zu günstigen Preisen.

Rua Embaixador 143 | Di–Sa 11–17 Uhr

6 ESPAÇO ESPELHO D'ÁGUA

- Terrasse am Wasser!
- Toasts, Salate, Fusionsküche.

Av. de Brasília | tgl. 11–1 (24 Uhr So)

LISSABON AUSGEHEN

3 BELÉM

7 CENTRO CULTURAL DE BELÉM

- Klassische und zeitgenössische Konzerte, Theater, Tanz, Zirkus.
- Hochkarätiges Programm!

Praça do Império | tgl. 11–20 Uhr | www.ccb.pt

8 À MARGEM

- Schicke Terrasse am Ufer des Tejo.
- Toasts, Sandwiches, Salate, Smoothies und Tee.

Doca do Bom Successo | tgl. 10–1 (22 Uhr So)

9 BAR 38° 41'

- Angesagte Bar, Lounge-Terrasse mit Aussicht.
- Cocktails, Gourmet-Snacks und DJs (Fr).

Altis Belém Hotel, Doca do Bom Sucesso | tgl. 11–22.30 Uhr

10 SUD LISBOA

" Bar-Restaurant neben dem MAAT mit Panoramaterrasse, Pool und einem atemberaubenden Blick auf die berühmte Brücke von Lissabon."

Av. Brasília, Pavilhão Poente | tgl. 12–2 Uhr

LISSABON 4 ENTLANG DES TEJO

Hafengegend mit Industriebrachen: die andere Seite von Lissabon, die man auf den *docas* (Docks) entdecken kann, wo Restaurants, trendige Lokale und Nachtclubs entstanden sind.

- **Straßenbahn 28 zur Basílica da Estrela**
- **Straßenbahn 15 oder 18 zum Museu Nacional de Arte Antiga und zu den Docks von Alcântara und Santo Amaro**
- **Metro nach Alcântara-Mar vom Bahnhof Cais do Sodré aus**

SEHENSWERTES

- A Basílica da Estrela
- B Museu Nacional de Arte Antiga
- C Museu do Oriente
- D Ponte 25 de Abril
- E LX Factory

ADRESSEN

- 1 A Merendeira
- 2 Le Chat
- 3 Cantina LX

TOUR 2
R. C. da Rocha
R. Ferreira Borges
Casa Pessoa
R. Saraiva de Carvalho
R. D. Sequeira
Jardim da Estrela
Av. P
Alvares Ca
de São Bento
Avenida da Ponte
Avenida de Ceuta
Cemitérios dos Prazeres
Basílica da Estrela
Caçada da Estrela
Santo
Infante
Avenida
R. Lapa
R. Trinas
LAPA
Palácio das Necessidades
L. DE ALCÂNTARA
R. Sacramento à Lapa
Rua do Prior
Museu Nacional de Arte Antiga
Largo Santos
Julho
Jardim 9 de Abril
R. Pres. Arriaga
Avenida de 24 Julho
Av. Brasília
Rua Rodrigues de Faria
LX Factory
Alcântara-Mar
Museu do Oriente
Doca de Alcântara
Doca de Santo Amaro
PONTE 25 DE ABRIL
Rio Tejo
1000 m
ALMADA

LISSABON SEHENSWERTES

4 ENTLANG DES TEJO

A BASÍLICA DA ESTRELA

Praça da Estrela | Kuppel Eintritt

Große **Barockbasilika**, erbaut Ende des 18. Jhs. für Königin Maria I. Steigen Sie in die Kuppel, um den Blick auf den Tejo zu genießen, und schlendern Sie durch den Jardim da Estrela auf der anderen Straßenseite.

B MUSEU N. DE ARTE ANTIGA

R. das Janelas Verde | Di–So

Die schönste **Sammlung alter Kunst** in Portugal. Zwei Meisterwerke: *Die Versuchung des heiligen Antonius* von Hieronymus Bosch und *Die Anbetung des heiligen Vinzenz* von Nuno Gonçalves.

C MUSEU DO ORIENTE

Av. de Brasília | Di–So | Eintritt

Das prächtige **Orientmuseum** erinnert an die lange Geschichte, die Portugal mit Asien verbindet. Prächtige Möbelstücke, Porzellan, Kostüme, rituelle Masken, Gemälde und Drucke.

D PONTE 25 DE ABRIL

Seit 1966 verleiht die rote Silhouette der Stadt Lissabon einen Hauch von San Francisco. Lassen Sie sich auf einer der Terrassen der Docks von Santo Amaro (Jachthafen) nieder, um die Brücke zu bewundern.

E LX FACTORY

Rua Rodrigues de Faria 103 | Metro Alcântara-Mar und zu Fuß

Unter der Ponte 25 de Abril befinden sich Industriebrachen, die in Kunstgalerien, Ateliers, Bars, Restaurants und Designerläden umgewandelt wurden. Ein trendiger Street-Art-Spaziergang.

 Die jeweiligen Öffnungszeiten finden Sie im Register ab S. 230.

TOUR 2

LISSABON ADRESSEN

4 ENTLANG DES TEJO

1 A MERENDEIRA

- *Caldo verde* (Kohlsuppe) und Brot mit *chorizo*.
- Beliebte und preiswerte Kantine, Hauptquartier für Nachtschwärmer.

Av. 24 de Julho 54G | tgl. 11–7 Uhr

2 LE CHAT

- Minimalistische Cocktailbar auf der Esplanade.
- Blick auf die Docks und die beleuchtete Ponte 25 de Abril.

Jardim 9 de Abril | Mo–Sa 12.30–2, So 12.30–24 Uhr

3 CANTINA LX

- Retro-Bobo-Kantine in einem alten Lagerhaus.
- Fleisch und Fisch vom Holzofen.

Am Eingang der LX Factory, rua Rodrigues de Faria 103 | Di–Sa 12–15, 19–22, So 12–15 Uhr

TAGESAUSFLUG VON LISSABON

SINTRA

MÄRCHENHAFTE PALÄSTE IN DER SERRA DE SINTRA

- **40 Min. mit dem Zug von Lissabon entfernt (Bahnhof Rossio): die bequemste Lösung!**
- **Von einem Auto ist dringend abzuraten; es gibt fast keine Parkmöglichkeiten**
- **Erkunden Sie das Zentrum zu Fuß**
- **Bus Scotturb 434 zum Palácio Nacional da Pena und zum Castelo dos Mouros**
- **Karte und Infos zu Wanderungen in der Serra bekommt man in der Touristeninfo (praça da República 23)**

SINTRA

Pastellfarbene Herrenhäuser, märchenhafte Paläste und exotische Gärten, die sich in die bewaldeten Hügel der Serra de Sintra schmiegen. Sintra, UNESCO-Weltkulturerbe, ist ein romantisches Juwel!

PALÁCIO DE SINTRA / PAÇO REAL

Eintritt

Ehemaliger **Sommerpalast** der portugiesischen Könige (13.–16. Jh.). Eine Mischung aus gotischem, manuelinischem und maurischem Stil mit vielen Deckenmalereien, Azulejos, Wappen und Mosaiken.

PALÁCIO DA PENA

Estrada da Pena | Eintritt

Der romantischste **Palast** von allen! Zugbrücke, zinnenbewehrte Türme, maurische Kuppeln, ein üppiger Park – nichts fehlt in diesem märchenhaften Bauwerk aus dem 19. Jh.

CASTELO DOS MOUROS

3 km von Sintra | Eintritt

Eine Miniaturausgabe der Chinesischen Mauer in der Serra de Sintra. Gehen Sie hoch zu den Mauern der alten **Burg der Mauren** (9. Jh.) und genießen Sie einen herrlichen Ausblick!

CAFÉ SAUDADE

- Charmantes, altmodisches Café.
- Backwaren, Scones, Sandwiches, portugiesische Snacks.

Av. Dr Miguel Bombarda 6 | tgl. 8.30–19 Uhr

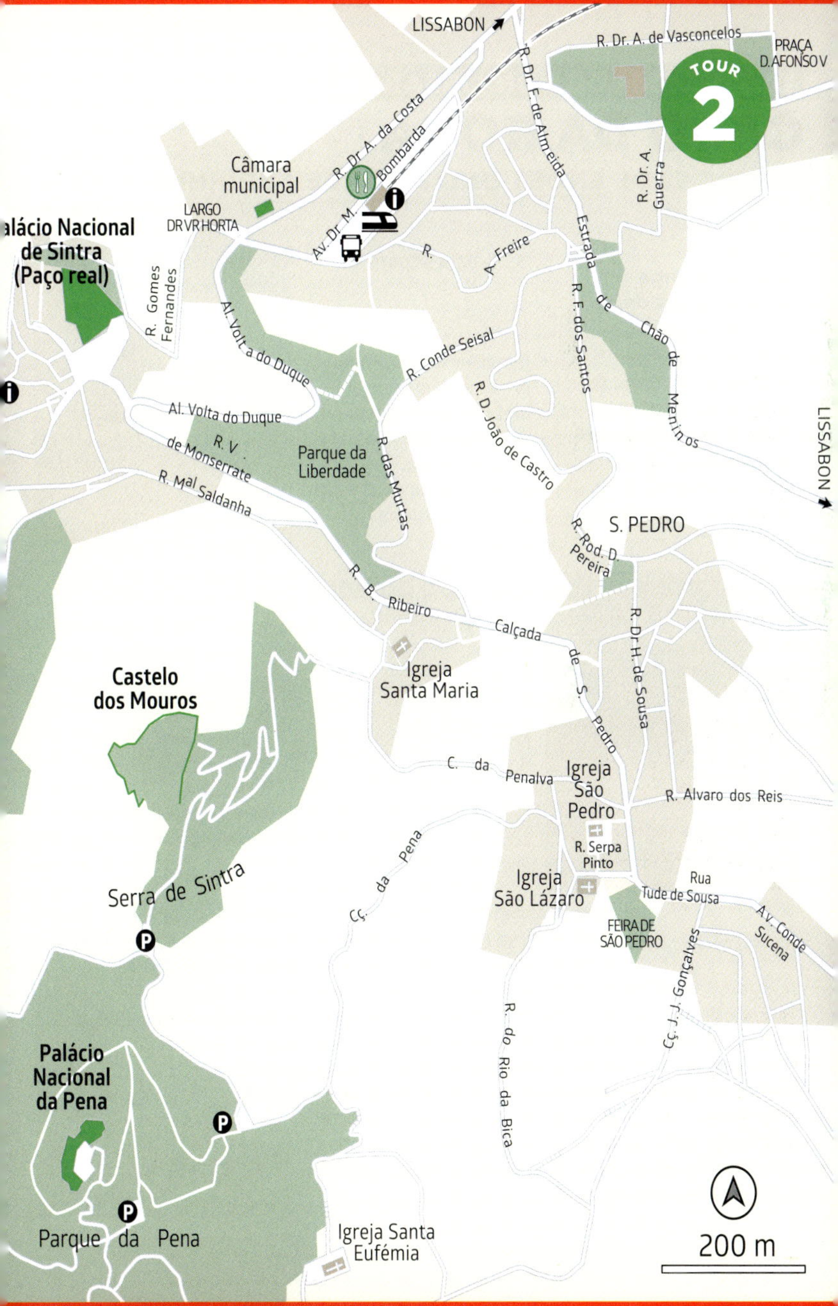

TOUR 2
LISSABON
R. Dr. A. de Vasconcelos
PRAÇA D. AFONSO V
R. Dr. F. de Almeida
R. Dr. A. Guerra
Câmara municipal
R. Dr. A. da Costa
Bombarda
LARGO DR V R HORTA
Palácio Nacional de Sintra (Paço real)
Av. Dr. M.
R. A. Freire
R. Gomes Fernandes
Al. Volta do Duque
Estrada de Chão de Meninos
R. F. dos Santos
R. Conde Seisal
R. D. João de Castro
R. V. de Monserrate
R. Mal Saldanha
Parque da Liberdade
R. das Murtas
S. PEDRO
R. Rod. D. Pereira
R. B. Ribeiro
Calçada de S. Pedro
R. Dr H. de Sousa
Igreja Santa Maria
Castelo dos Mouros
C. da Penalva
Igreja São Pedro
R. Alvaro dos Reis
Cç. da Pena
R. Serpa Pinto
Serra de Sintra
Igreja São Lázaro
Rua Tude de Sousa
Av. Conde Sucena
FEIRA DE SÃO PEDRO
Cç. J. J. Gonçalves
R. do Rio da Bica
Palácio Nacional da Pena
Parque da Pena
Igreja Santa Eufémia
200 m

TAGESAUSFLUG VON LISSABON

CABO DA ROCA

WO DIE ERDE ENDET UND DAS MEER BEGINNT

- **93 km lange Schleife mit dem Auto (1.50 Std. reine Fahrzeit)**
- **Zug nach Cascais von Lissabon aus (40 Min.), dann Bus 405 oder 415 zum Praia do Guincho, Bus 403 zum Cabo da Roca**

CASCAIS

Der charmanteste Badeort an der Costa do Sol. Kleiner Fischerhafen, Dorf mit weißen Gassen, schicke Boutiquen und drei Sandstrände, die zum Sonnenbaden einladen.

PRAIA DO GUINCHO

8 km von Cascais

Weltberühmter Strand für seine Walzen, ein Spot für Surfer und Funboarder. Gefährliches Baden, aber unvergessliche Sonnenuntergänge zwischen Dünen und Ozean. Fischrestaurants.

BAR DO GUINCHO

Praia do Guincho

- Traumlage mit Blick auf den Atlantik.
- Abwechslungsreiche Küche (Burger und Meeresfrüchte).

Estrada do Abano 547 | tgl. 12–24 Uhr

CABO DA ROCA

20 km von Cascais | Vor Ort gibt es einen Leuchtturm, ein Café und einen Laden.

Der westlichste Punkt Europas! Das windgepeitschte Cabo de la Roca verströmt mit seinen 140 m hohen, steilen Klippen, die in das brodelnde Wasser des Atlantiks abfallen, eine Atmosphäre wie am Ende der Welt. Die Alten betrachteten es als den Ort, »an dem die Erde endet und das Meer beginnt«. Auf Wanderwegen kann man diese beeindruckende Gegend erkunden, doch die starken Winde wirken oft abschreckend.

TOUR
2
Colares
Praia
Grande
N 375
Sintra
N 247
N 9
N 117
Caneças
Loures
A 9
Cabo
a Roca
Serra de Sintra
N 247
N 249
Belas
Odivelas
Rio de
Mouro
Cacém
A 36
Lumiar
Peninha Serra
Queluz
Amadora
Benfica
Praia do
Guincho
N 9
Alcabideche
IC 19
Areia
Birre
Carnaxide
A 9
Cabo
Raso
A 5
A 5
N 247-7
Cascais
Estoril
Lissabon
N 6
Boca
do Inferno
Oeiras
Caxias
N 6
Belém
Praia de
Paço de
Arcos
Carcavelos
Praia de Carcavelos
PONTE DE
25 ABRIL
Praia
da Torre
Cristo
Rei
Bugio
Costa da
Caparica
Caparica
A 2
ATLANTISCHER
OZEAN
0
5
10 km

VON LISSABON NACH ÓBIDOS

- **Strecke: 124 km (2 Std. reine Fahrzeit)**
- **1.40 Std. mit dem Bus oder 2.15 Std. mit dem Zug**
- **Sehenswürdigkeiten mit Bus oder Zug erreichbar**

PALÁCIO NACIONAL DE QUELUZ

Queluz | Eintritt

Das portugiesische Versailles. Königliche Residenz (18. Jh.) von Pedro III. und Maria I. Beeindruckende Innenräume und französische Gärten mit viel Charme.

PALÁCIO NACIONAL DE MAFRA

Mafra | Eintritt

Dieser gigantische Kloster-Palast-Komplex mit 1200 Zimmern beeindruckt durch seine Maßlosigkeit und seine prächtige, 84 m lange Bibliothek. Größenwahn durch den extravaganten João V.!

PASTELARIA POLO NORTE

Mafra

- Gegenüber dem Palast befinden sich einige portugiesische Konditoreien.
- Traditionelle Tagesgerichte, Quiches, Salate.

Praça da República 15. tgl. 7–20 Uhr

TOUR 2
Alcobaça
São Martinho do Porto
Alfeizerão
Parque natural das Serras de Aire e Candeeiros
Foz do Arelho
Reserva Natural das Berlengas
Caldas da Rainha
Peniche
Cabo Carvoeiro
Óbidos
Serra de Aire
Rio Maior
N 114
A 15
N 247
Bombarral
N 366
Lourinhã
Santarém
Serra de Montejunto
A 8
N 8
N 1
N 115
A 1
Cartaxo
Praia de Santa Cruz
Torres Vedras
N 9
Rio Tejo
Alenquer
Azambuja
A 13
Carregado
A 10
N 3
Ericeira
Mafra
Vila Franca de Xira
Pálacio Nacional de Mafra
Malveira
N 10
Lousa
A 9
N 119
Póvoa de Sta Iria
Loures
N 118
Sintra
Odivelas
Saracém
Cabo da Roca
Queluz
A 12
Estoril
Pálacio Nacional de Queluz
Lissabon
Montijo
A 5
N 4
Cascais
Rio Tejo
A 2
N 5
0 5 10 km

ETAPPE 2 ÓBIDOS

Diese kleine portugiesische Version des französischen Carcassonne ist eine wunderbar erhaltene mittelalterliche Stadt, die jeden Besucher verzaubert. Hier nimmt man sich Zeit…

- **Die Altstadt ist für Autos gesperrt, parken Sie auf dem Parkplatz südlich der Stadtmauer**
- **Großer Mittelaltermarkt im Juli**
- **Im Sommer sollten Sie früh oder spät anreisen, um den vielen Touristenbussen auszuweichen**

SEHENSWERTES

- A Porta da Vila
- B Altstadt
- C Stadtmauer
- D Rua Direita
- E Igreja de Santa Maria
- F Livraria de Santiago

ADRESSEN

1. Ja!mon Ja!mon
2. Tasca Torta
3. Pastelaria Dom Afonso
4. Bar Ibn Errik Rex

TOUR 2
Castelo
Estrada da Cerca
Igreja de São Tiago
F Livraria Santiago
Rua do Castelo
Rua do Coronel Pacheco
Rua Direita
Stadtmauer C
Igreja de Santa Maria
E
Pilori
PRAÇA DE SANTA MARIA
Museu Municipal
Rua da Talhada
Rua de Dom Antão Moniz
Stadtmauer C
Tavares
Nuno
Trav. A. Ribeirete
Rua da Biquinha
R. Padre A. de Almeida
L. do Postigo
R. da Porta da Senhora da Graça
R. de Dom João de Ornelas
Ornelas
L. de São João de Deus
Padre
Rua do Facho
Óbidos
B
ALTSTADT
Rua Direita
D
Rua de Dom João
Rua de Josefa
Rua de
N 8
Rua do Facho
Trav. do Teatro
Porta da Vila
A
50 m
1
2
3
4

ÓBIDOS SEHENSWERTES

A PORTA DA VILA

Um in das alte Zentrum zu gelangen, geht man durch das prächtige **Stadttor**, dessen Inneres mit traditionellen Azulejos geschmückt ist, die die Passion Christi illustrieren.

B ALTSTADT

Lassen Sie sich treiben in dem Gewirr der schönen Gassen, zwischen Häusern mit blauem und gelbem Anstrich, Bougainvilleen und kleinen Treppenpassagen. Ein wahres Glück!

C STADTMAUER

Wunderschöner Rundweg mit hohen, zinnenbewehrten Mauern aus dem 12.–16. Jh. Schöne Ausblicke auf die Burg mit ihren Türmen (13. Jh.) und die Stadt. Gut, wenn Sie schwindelfrei sind!

D RUA DIREITA

Die Hauptstraße von Óbidos, die sehr touristisch ist und zur Burg führt, wo man zwischen Souvenir- und Kunsthandwerksläden den lokalen Likör (*Ginjinha*) aus einer Tasse probiert.

E IGREJA DE SANTA MARIA

P. de Santa Maria | Eintritt frei

Renaissancekirche mit schönen Azulejos, in der 1441 Alfonso V. und seine Cousine Isabel als Kinder heirateten. Sehenswert ist auch der Pranger aus dem 15. Jh., der auf dem Platz steht.

F LIVRARIA DE SANTIAGO

Largo de São Tiago

»Was für eine Überraschung, wenn man die Tür einer Kirche aufstößt und sich in einer Buchhandlung wiederfindet! Lesungen und Filme.«

So–Do 10–19, Fr, Sa 10–21 Uhr

 Die jeweiligen Öffnungszeiten finden Sie im Register ab S. 230.

ÓBIDOS ADRESSEN

1 JA!MON JA!MON

- Tagesgerichte, *petiscos*, selbst gebackenes Brot.
- Außerhalb der Mauern, weg von den Menschenmassen. Hübsche Terrasse.

Rua da Biquinha | Di–Do 12.30–15.30, 19–22, Fr–So 12.30–15.30 Uhr

2 TASCA TORTA

- Hübsche moderne *tasca* (Herberge).
- Gute internationale Küche.

Rua Direita 81 | So, Mo, Mi–Do 12.30–14.30, 19–21.30 Uhr

3 PASTELARIA DOM AFONSO

»Eine portugiesische Konditorei, wie man sie liebt. Für ein Frühstück, ein Glas *ginja* oder eine süße Pause.«

Rua Direita 113 | Mo–Fr 8.30–19, Sa, So 9–19 Uhr

4 BAR IBN ERRIK REX

- Kleine Bar und Antiquitätenladen.
- Die beste Adresse, um den lokalen *Ginjinha* (Likör) zu probieren.

Rua Direita 100 | Mi–Mo 11–24 Uhr

TAGESAUSFLUG VON ÓBIDOS

ILHAS BERLENGAS

EIN PARADIES FERNAB DER MENSCHENMASSEN

- **Ab Peniche, 25 km von Óbidos entfernt über die IP 6**
- **Boot zur Insel Berlenga Grande (Überfahrt 1 Std.); mehrere Anbieter im Hafen, tägliche Verbindungen Mai–Okt.**

PENICHE

Großer Fischerhafen, der wegen seiner Fischrestaurants, seiner Festung und seiner Strände besucht wird. Am Kap Carvoeiro haben Sie einen herrlichen Blick auf den Ozean und die Berlengas-Inseln.

PRAIA DOS SUPERTUBOS

Der legendäre **Strand** von Peniche, ein Surfspot, der für seine perfekten Wellen weltberühmt ist. Feiner Sand so weit das Auge reicht, um das Badetuch abzulegen und das Spektakel zu genießen.

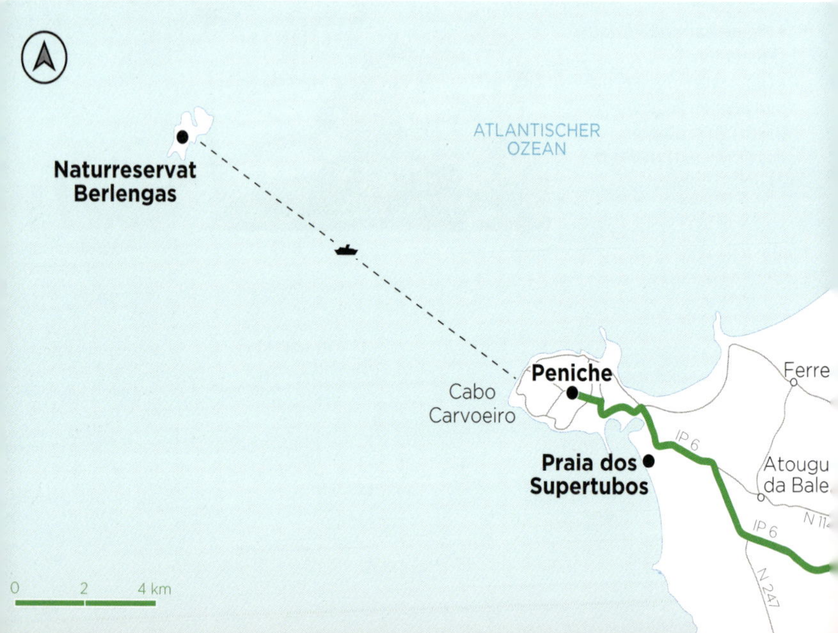

TOUR 2

NATURRESERVAT BERLENGAS

Tgl. Verbindung nach Peniche Mai–Okt. | *Beschränkter Zugang: 350 Personen/Tag auf die Insel Berlenga Grande*

Ein kleines Juwel, das 12 km vor der Küste liegt. Die kleinen Felseninseln sind Naturreservat und ein Paradies für Seevögel, Tauch- und Schnorchelfans. Die Fähre bringt Besucher auf die Insel Berlenga Grande mit ihrer wilden Heidelandschaft, Höhlen, steilen Klippen und türkisfarbenem Wasser. Man umrundet die Insel zu Fuß; der Weg führt über den Leuchtturm und das alte Fort São João Batista. Oder man fährt mit dem Kanu zu den Höhlen.

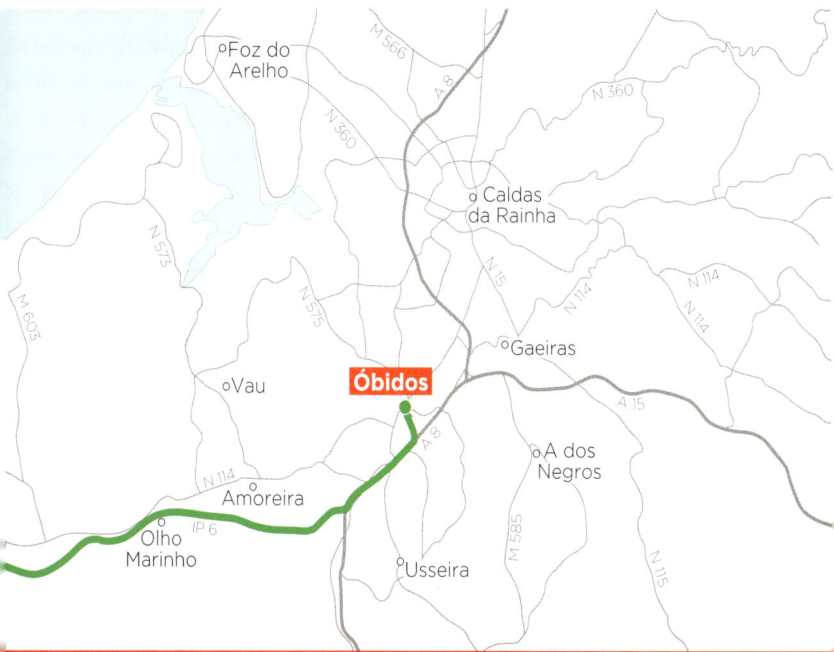

VON ÓBIDOS NACH AVEIRO

- **Strecke: 220 km (2.45 Std. reine Fahrzeit)**
- **4 Std. Fahrt mit dem Zug**
- **Busse fahren zu den Sehenswürdigkeiten**

CALDAS DA RAINHA

Berühmt für seine Thermalquellen, ist es auch die Hauptstadt der Keramik, wo seit 1884 die berühmten fantasievollen Keramiken von Bordalo Pinheiro hergestellt werden. Romantischer Park.

LOJA DA FÁBRICA BORDALLO PINHEIRO

»Der Laden in Caldas da Rainha, der Pinheiros Keramiken alle Ehre macht. Bunte Wunder für jeden Geldbeutel.«

Rua Bordalo Pinheiro 53 | Mo–Sa 10–19, So 14–19 Uhr

NAZARÉ

Beliebter Badeort wegen des riesigen Strandes, der hohen Wellen und der schwindelerregenden Klippen, von denen aus man einen spektakulären Blick hat (Standseilbahn auf den Monte Sítio).

A TASQUINHA

Nazaré

- Fisch und Meeresfrüchte.

Rua Adrião Batalha 54 | Di–So 12–15, 19–22.30 Uhr

MOSTEIRO DE ALCOBAÇA

Alcobaça | Eintritt

Die majestätische **Zisterzienserabtei** (12. Jh.) ist UNESCO-Weltkulturerbe. Großartige, schlichte Kirche, bewegende Gräber von Pedro I. und Inés de Castro, den portugiesischen Romeos und Julias.

MOSTEIRO DA BATALHA

Batalha | Eintritt

Das schönste der portugiesischen **Klöster**, ein Wunderwerk der gotischen und manuelinischen Kunst, ist UNESCO-Weltkulturerbe. Königlicher Kreuzgang und schillernde unvollendete Kapellen.

TOUR 2
ATLANTISCHER OZEAN
Aveiro
S. Jacinto
Caramulo
Águeda
Mira
Santa Comba Dão
Luso
Cantehede
Penacova
Tentúgal
Figueira da Foz
Condeixa
Lousã
Pombal
Alvaiázere
Zêzere
Marinha Grande
São Pedro de Moel
Leiria
Batalha
Mosteiro da Batalha
Nazaré
Fátima
Tomar
Porto de Mós
Mosteiro de Alcobaça
Alcobaça
Parque natural das Serras de Aire e Candeeiros
Foz do Arelho
Naturreservat Berlengas
Caldas da Rainha
Loja da Fábrica Bordallo Pinheiro
Almourol
Abrantes
Peniche
Cabo Carvoeiro
Rio Maior
Chamusca
Rio Tejo
Óbidos
Santarém
A 29
A 1
N 1
N 16
N 230
N 109
A 29
N 235
N 234
A 17
A 14
N 110
N 17
N 347
A 13
N 356
N 238
N 242
A 8
N 8
N 113
N 243
A 23
N 114
N 362
A 15
N 3
N 118
N 2
N 366
0
10
20 km

ETAPPE 3 AVEIRO

Das von Kanälen umspülte »portugiesische Venedig« am Rande einer großen Lagune verspricht einen vergnüglichen Aufenthalt zwischen Jugendstilfassaden und kleinen bunten Fischerhäusern.

- **Historisches Zentrum nur für Fußgänger**
- **Parken schwierig; kostenlose Parkplätze 1 km vom Zentrum entfernt, in der Nähe des Kanals (rua José Afonso)**
- **Kostenloser Fahrradverleih (Ausweis erforderlich): Loja BUGA, praça do Mercado 2**

HIGHLIGHTS

A Canal central
B Fahrt mit dem *moliceiro*
C Museu de Arte Nova
D Mercado do Peixe
E Museu de Aveiro

ADRESSEN

1 Mercado do Peixe
2 O Bairro
3 O Batel
4 Má Ideia
5 Confeitaria Peixinho

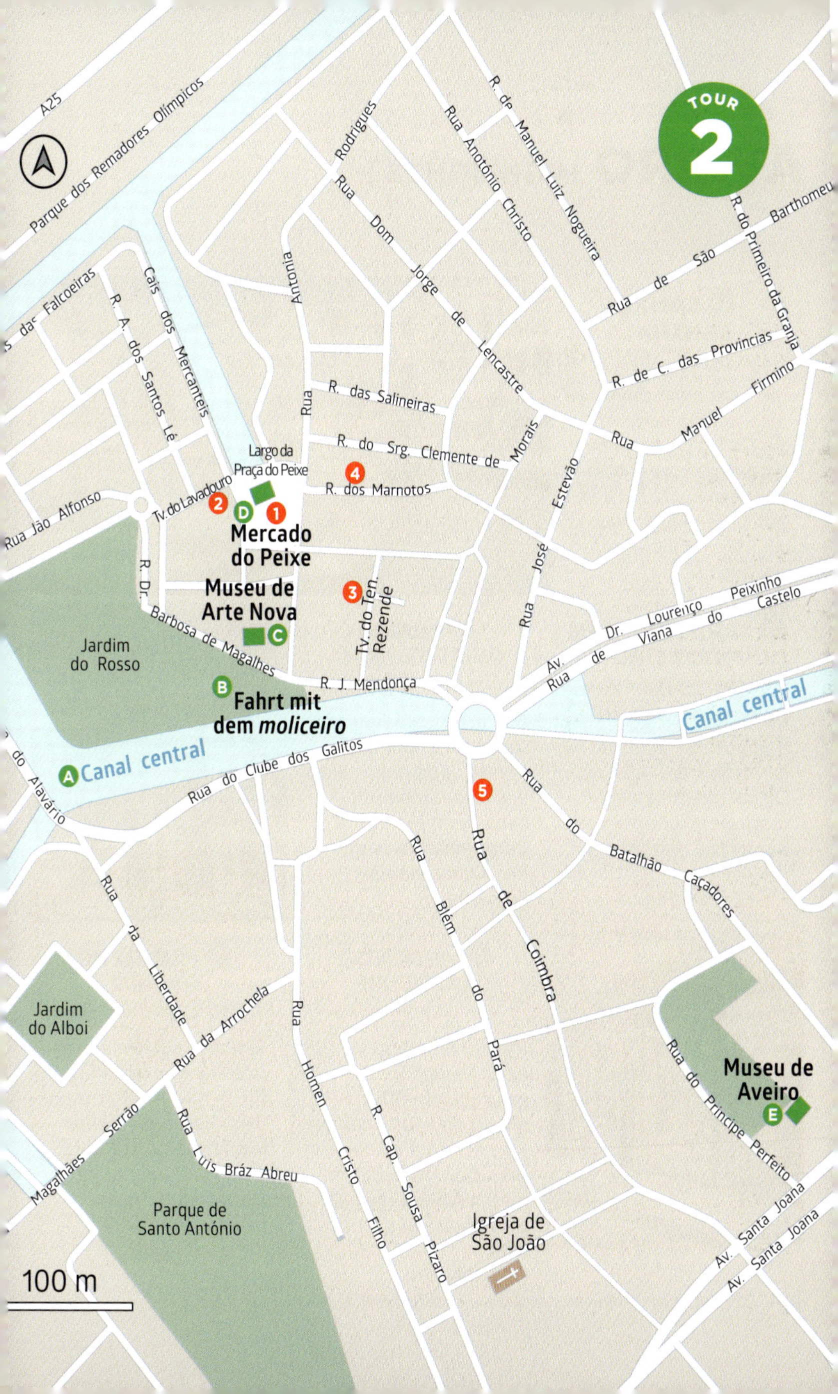
TOUR
2
A25
Parque dos Remadores Olímpicos
Rodrigues
R. de Manuel Luiz Nogueira
Rua Anotónio Christo
Rua Dom Jorge de Lencastre
R. do Primeiro da Granja
Barthomeu
Rua de São
Antonia
das Falcoeiras
R. A. dos Santos Lé
Cais dos Mercanteis
R. de C. das Provincias
Firmino
Rua Manuel
R. das Salineiras
Rua
R. do Srg. Clemente de Morais
Rua José Estevão
Largo da Praça do Peixe
4
R. dos Marnotos
Tv. do Lavadouro
2
D
1
Rua Jão Alfonso
Mercado do Peixe
R. Dr. Barbosa de Magalhes
Museu de Arte Nova
3
Tv. do Ten. Rezende
C
Av. Dr. Lourenço Peixinho
Rua de Viana do Castelo
Jardim do Rosso
R. J. Mendonça
B
Fahrt mit dem moliceiro
Canal central
Canal central
A
do Alavário
Rua do Clube dos Galitos
5
Rua do Batalhão Caçadores
Rua Blém do Pará
Rua de Coimbra
Rua da Liberdade
Jardim do Alboi
Rua da Arrochela
Rua Homen Cristo Filho
Museu de Aveiro
E
Rua do Principe Perfeito
Serrão
Magalhães
Rua Luís Bráz Abreu
R. Cap. Sousa Pizaro
Parque de Santo António
Igreja de São João
Av. Santa Joana
Av. Santa Joana
100 m

AVEIRO HIGHLIGHTS

A CANAL CENTRAL

Hier kann man schöne Jugendstilfassaden und das Ballett der berühmten *moliceiros*, der bunt bemalten Boote mit dem gebogenen Bug, bewundern. Die Gondelversion von Aveiro!

B FAHRT MIT DEM MOLICEIRO

www.vivaaria.com

Gleiten Sie in einem traditionellen Boot, mit dem früher die Algen der Lagune geerntet wurden, durch die labyrinthartigen Kanäle und Wasserwege von Aveiro.

C MUSEU DE ARTE NOVA

R. B. Magalhães 9-11 | Di–So

Die Jugendstilikone von Aveiro. Das Haus mit seinem üppigen Blumen- und Arabeskendekor beherbergt ein kleines **Jugendstilmuseum** (ein Raum) und einen Teesalon.

D MERCADO DO PEIXE

Largo da praça do Peixe

Machen Sie morgens einen kleinen Spaziergang über den **Fischmarkt** und durch das alte Fischerviertel mit seinen bezaubernden Häusern, die mit Azulejos bemalt oder gekachelt sind.

E MUSEU DE AVEIRO

Av. Santa Joana | Di–So | Eintritt

Großartige Sammlung sakraler Kunst in dem Kloster (15. Jh.), in dem Prinzessin Santa Joana, die Tochter von Alfonso V., starb. Zu sehen sind ihr prächtiges Marmorgrab und ein bewegendes Porträt.

 Die jeweiligen Öffnungszeiten finden Sie im Register ab S. 230.

AVEIRO ADRESSEN

1 MERCADO DO PEIXE

- Vom 1. Stock des Fischmarkts blickt man auf den Kanal (Bild).
- Ganz frischer *caldeirada* aus der *cataplana*.

Largo da Praça do Peixe | Di–Sa 12–15, 19.30–23, So 12–15 Uhr

2 O BAIRRO

- Autorenküche und trendiger Rahmen.
- In jeder Hinsicht köstlich!

Largo da Praça do Peixe 24 | Do–Di 12–15, 19–23 Uhr

3 O BATEL

- Aufgemacht wie eine Schiffskabine.
- Fisch- und Meeresfrüchtespezialitäten.

Travessa Tenente Resende 21 | tgl. (außer So Abend) 12–15, 19–23.30 Uhr

4 MÁ IDEIA

»Drei Orte in einem: Bar, Kunstgalerie und Buchladen. Wir gehen so gern wegen der Craft-Biere und der ausgezeichneten *petiscos* hin.«

Rua dos Marnotos 56 | tgl. 15–2 Uhr

5 CONFEITARIA PEIXINHO

- Die beste Konditorei der Stadt, um die *ovos moles* (»weiche Eier«), die süße Spezialität von Aveiro, zu probieren.

Rua de Coimbra 9 | tgl. 9–20 Uhr

TAGESAUSFLUG VON AVEIRO

RIA DE AVEIRO

DIE LAGUNE UND DIE DÜNEN VON SÃO JACINTO

• Von Aveiro aus morgens Fahrt mit einem *moliceiro* in der Ria, dann Bus nach Forte da Barra und Fähre zu den Dünen von São Jacinto. Rückfahrt nach Forte da Barra und anschließend Bus nach Costa Nova.

RIA DE AVEIRO

Fahrt mit dem moliceiro *oder dem Schnellboot von Aveiro aus*

Eine riesige, labyrinthartige **Lagune** mit Salzgärten, Seegraswiesen, Reisfeldern und Kanälen, die durch die lange, bei Barra durchbrochene Küste vor dem Ozean geschützt ist. Eine Fahrt mit dem *moliceiro* ist der beste Weg, um diese natürliche Sehenswürdigkeit, die im 16. Jh. durch einen Sturm entstand, und das Leben in der Ria zu entdecken. Hier sammelt man Algen (*moliço*) als Dünger und fängt Aale, die in Aveiro serviert werden.

DUNAS DE SÃO JACINTO

Bus nach Forte da Barra, dann Fähre

Das **Naturschutzgebiet** Dunes de São Jacinto liegt auf dem Küstenstreifen, der die Lagune schützt, und bietet einen angenehmen Wanderweg durch See-Kiefern-Wälder, Dünen und Süßwasserteiche. Es ist eines der am besten erhaltenen Dünengebiete Europas und ein beliebter Ort, um zu picknicken oder Wildenten und andere Vögel zu beobachten.

A PEIXARA

São Jacinto

• Beim Fähranleger.
• Ausgezeichneter Fisch vom Grill und Eintopf mit Aal aus der Ria.

Rua Mestre Jorge Pestana.
Di–So 12–15, 19–22 Uhr

COSTA NOVA

Der zwischen Ozean und Lagune eingebettete kleine Badeort mit seinen versandeten Gassen reiht hübsche kleine, bunt gestreifte Fischerhäuser, die *palheiros*, aneinander. Fotogen!

2
ATLANTISCHER
OZEAN
N 327
Ria de Aveiro
Ria de Aveiro
Dunas de
São Jacinto
São Jacinto
Ria de Aveiro
Forte da Barra
Praia da
Barra
Aveiro
A 25
N 235
Gafanha
de Nazaré
Gafanha
da Encarnação
Costa
Nova
Boco
N 109
Gafanha
de Aquém
0
1 km

VEIRO NACH
RA

- **Strecke: 77 km (1.35 Std. reine Fahrzeit)**
- **45 Min. mit dem Bus oder 55 Min. mit dem Zug**
- **In Sangalhos und Luso hält der Zug**

ALIANÇA UNDERGROUND MUSEUM
Sangalhos

Unterirdisches Kunstmuseum in ehemaligen Weinkellern. Hervorragende Sammlungen afrikanischer Kunst, Mineralien, Fossilien und Keramiken. Weinprobe am Ende des Besuchs.

PEDRA DE SAL
Luso

- Spezialitäten vom schwarzen Alentejo-Schwein.
- Gute Weinkarte.

Rua Francisco António Dinis 33 | Mi–Mo 12.30–15, 19–22 Uhr

MATA NACIONAL DO BUÇACO
Maut für das Auto

Wunderschöner **Wald** mit exotischen Baumarten, Wasserfällen, moosbewachsenen Brunnen und verfallenen Kapellen. Zauberhafte Kulisse für das extravagante Palace Hotel (19. Jh.).

TOUR
2
TLANTISCHER
OZEAN
Oliveira
de Azeméis
Vale de
Cambra
Pardilhó
Junqueira
de Cima
Branca
Estarreja
Sever do
Vouga
Ribeiradio
Valdares
Albergaria-
Velha
Reigoso
Aveiro
Gafanha
da Nazaré
Vouga
Valongo
do Vouga
Ílhavo
Varzielas
Águeda
Vagos
Recardães
Sangalhos
Aliança Underground
Museum
Seixo
Anadia
Luso
Mata Nacional
do Buçaco
Cantanhede
Penacova
Mondego
Coimbra
5
10 km
N 109
A 1
IC 2
A 29
A 25
N 16
227
N 235
N 230
N 234
N 228
N 111
IP 3
A 17
A 14

ETAPPE 4 COIMBRA

Vom Universitätsviertel, in dem es von Studenten in schwarzen Umhängen wimmelt, über die engen Gassen, die den Hügel hinunter in die Unterstadt führen, findet man in der ehemaligen Hauptstadt des Königreichs Wunder auf Wunder.

- **Zu Fuß besichtigen; Altstadt nur für Fußgänger zugänglich**
- **Kostenlose Parkplätze am linken Ufer, auf der anderen Seite der Ponte de Santa Clara**
- **Fahrkarten für den SMTUC-Bus an Bord**
- **Tickets für die Universidade Velha in der Hochsaison reservieren!**

SEHENSWERTES

- A Universidade Velha
- B Sé Velha
- C Museu Machado de Castro
- D Sé Nova
- E Museu da Ciência
- F Jardim Botânico
- G Mosteiro de Santa Cruz

RESTAURANTS

1. Porta Larga
2. Loggia
3. Justiça e Paz
4. Fangas M. Bar
5. Zé Manel dos Ossos
6. A Cozinha da Maria
7. Tapas nas Costas
8. Giro Churrasqueira
9. Adega Paço do C.

AUSGEHEN

10. Quebra
11. Vinharia da Sé
12. Noites Longas
13. Bar AAC
14. Bigorna Bar
15. Café Santa Cruz
16. Fado Ao Centro
17. Á Capella

MEINE LIEBLINGSADRESSEN IN COIMBRA

COIMBRA SEHENSWERTES

A UNIVERSIDADE VELHA

Largo da Porta Férrea | Eintritt

Eine der ältesten **Universitäten** der Welt, 1290 gegründet und UNESCO-Welterbe. Höhepunkt des Besuchs ist die schillernde barocke Bibliothek mit Gold und Edelhölzern.

B SÉ VELHA

Largo da Sé Velha | Eintritt

Die **Kathedrale** (12. Jh.) ist eines der schönsten romanischen Bauwerke Portugals. Sehen Sie sich den prächtigen Hauptaltar und den ältesten gotischen Kreuzgang des Landes an.

C MUSEU M. DE CASTRO

L. Dr J. Rodrigues | Di–So | Eintritt

Werke der Bildhauerschule von Coimbra, Gemälde, Möbel, Priestergewänder, Goldschmiedearbeiten, Keramiken und Azulejos im wunderschönen Bischofspalast aus dem 16. Jh.

D SÉ NOVA

Largo da Sé Nova | Eintritt

Die **»neue« Kathedrale**, erbaut Ende des 16. Jhs. Nüchterne Architektur, die durch vergoldete holzgeschnitzte Altäre, reiches Chorgestühl aus exotischem Holz und Azulejos aufgewertet wird.

E MUSEU DA CIÊNCIA

L. Marquês de Pombal | Di–So

Charmantes kleines **Wissenschaftsmuseum**: interaktive Experimente, ein Physiklabor aus dem 18. Jh., ein Amphitheater und ausgestopfte Tiere.

F JARDIM BOTÂNICO

Eintritt frei

Entspannter Zwischenstopp in studentischer Gesellschaft in einem charmanten Park aus dem 18. Jh., umgeben von jahrhundertealten Bäumen, exotischen Pflanzen und barocken Brunnen.

G MOSTEIRO DE SANTA CRUZ

P. 8 de Maio | Kreuzgang Eintritt

Augustinerkloster aus dem 12. Jh., umgebaut im 16. Jh. Gräber der ersten beiden Könige von Portugal, zarte Skulpturen der Coimbra-Schule und ein wunderschöner manuelinischer Kreuzgang.

 Die jeweiligen Öffnungszeiten finden Sie im Register ab S. 230.

TOUR 2

COIMBRA RESTAURANTS

1 PORTA LARGA

- Eine zu 100 % lokale Snackpause.
- Leckere Sandwiches mit gebratenem Spanferkel (*sandes de leitão*).

Rua das Padeiras 35 | Fr–Mi 7–22.30 Uhr

2 LOGGIA

- Restaurant im Machado de Castro Museum. Herrliche Aussicht auf Coimbra.
- Reichhaltiges Mittagsbüfett.

Largo Dr José Rodrigues | Di–So 10–18, Mi–Sa 19.30–22.30 Uhr

3 JUSTIÇA E PAZ

- Cafeteria der Rechtswissenschaftlichen Fakultät.
- Gutes Essen, kleine Preise, Blick auf den Botanischen Garten.

Rua da Couraça de Lisboa 30 | Mo–Sa 8.30–19 Uhr

4 FANGAS MERCEARIA BAR

- Die beste Adresse in der Altstadt.
- Ausgezeichnete portugiesische Tapas.

Rua Fernandes Tomás 45 | Do–Mo 12.30–16, 19–24 Uhr

5 ZÉ MANEL DOS OSSOS

- Originelle Mini-Taverne, die immer überfüllt ist.
- *Feijoada* mit Wildschwein (Eintopf) und typische Gerichte.

Beco do Forno 12 | Mo–Sa 12.30–15, 19.30–22 Uhr

6 A COZINHA DA MARIA

»In Marias Küche werden die besten Gerichte gekocht: *chanfana*, Krakenrisotto, gegrillter Kabeljau. Ich mag die familiäre Atmosphäre!«

Rua das Azeiteiras 65 | tgl. 12–22.30 Uhr

7 TAPAS NAS COSTAS

- Trendige Tapas-Bar.

Rua Quebra Costas 19 | Di–Sa 11–24, So 11–15 Uhr

8 GIRO CHURRASQUEIRA

- Traditionelles Restaurant.
- Grillspezialitäten, Ziegeneintopf (*chanfana*), Gambas-Spieß...

Rua das Azeiteiras 39 | Mo–Sa 12–15.30, 18–22 Uhr

9 ADEGA PAÇO DO CONDE

- Fleisch und Fisch vom Grill.
- Sehr beliebt, einfach und preiswert.

Rua do Paço do Conde 1 | Mo–Sa 11–15, 19–22 Uhr

COIMBRA AUSGEHEN

TOUR 2

10 QUEBRA

- Klassiker in Coimbra, schöne Atmosphäre.
- Im Sommer Jazzkonzerte auf der Straße.

Rua Quebra Costas 45 | Mo–Fr 12–4, Sa 14–4 Uhr | Konzerte bei freiem Eintritt

11 VINHARIA DA SÉ

»Eine Bar und ein Weinkeller mit Dutzenden von Weinen, die auf die Verkostung warten. Gute Tapas-Karte.«

Rua Joaquim António de Aguiar 4–6 | Di–So 14.30–24 Uhr

12 NOITES LONGAS

- Schwulenfreundlicher Rock- und Metal-Club.
- Sagenumwobener Ort des Nachtlebens in Coimbra.

Rua Almeida Garrett 11 | Di, Do–Sa 19–7 Uhr

13 BAR AAC

- In der Bar trinkt man ein Bier mit Studenten.
- Große Terrasse.

Av. Sá da Bandeira | tgl. 15–4 Uhr

14 BIGORNA BAR

- Kleine Studentenbar.
- Rockmusik und Drinks. Spät kommen.

Rua Borges Carneiro 9–11 | tgl. 23–4 Uhr

15 CAFÉ SANTA CRUZ

- Charismatisches Café in einer ehemaligen Kirche.
- Fado-Konzerte um 18 und 22 Uhr: früh kommen!

Praça 8 de Maio | tgl. 8–24 Uhr | Konzerte bei freiem Eintritt

16 FADO AO CENTRO

- Kleiner Saal, um den Fado aus Coimbra zu entdecken.
- 50-minütige Show.

Rua do Quebra Costas 7 | tgl. 10–20 Uhr

17 Á CAPELLA

- Fado der Spitzenklasse in einer Kapelle aus dem 14. Jh.
- Akustik top!

Rua Corpo de Deus | Konzerte um 21.30 Uhr tgl. Mai–Okt., Do–So Nov.–April

VON COIMBRA NACH TOMAR

- **Strecke: 130 km (1.45 Std. reine Fahrzeit)**
- **2 Std. mit dem Zug oder 3.5 Std. mit dem Bus**
- **Auto unerlässlich für Conímbriga, Bus nach Fátima**

RUÍNAS DE CONÍMBRIGA

Condeixa-a-Nova | Eintritt

Überreste einer römischen Stadt aus dem 2. Jh., der größten und am besten erhaltenen Stadt Portugals. Verpassen Sie nicht die herrlichen Mosaike, Becken und Wasserfontänen im Haus der Brunnen.

O REGIONAL DO CABRITO

Condeixa-a-Nova

- Regionale Küche.
- Spezialität ist gebratenes Zicklein (*cabrito*).

Praça da República 14. | Di–So 12–15.30, 18.30–23 Uhr

FÁTIMA

Das portugiesische Lourdes, wo die Jungfrau Maria 1917 drei kleinen Hirtenkindern erschien. Interessant an Pilgertagen, wenn sich die Menschenmassen vor dem Heiligtum drängen.

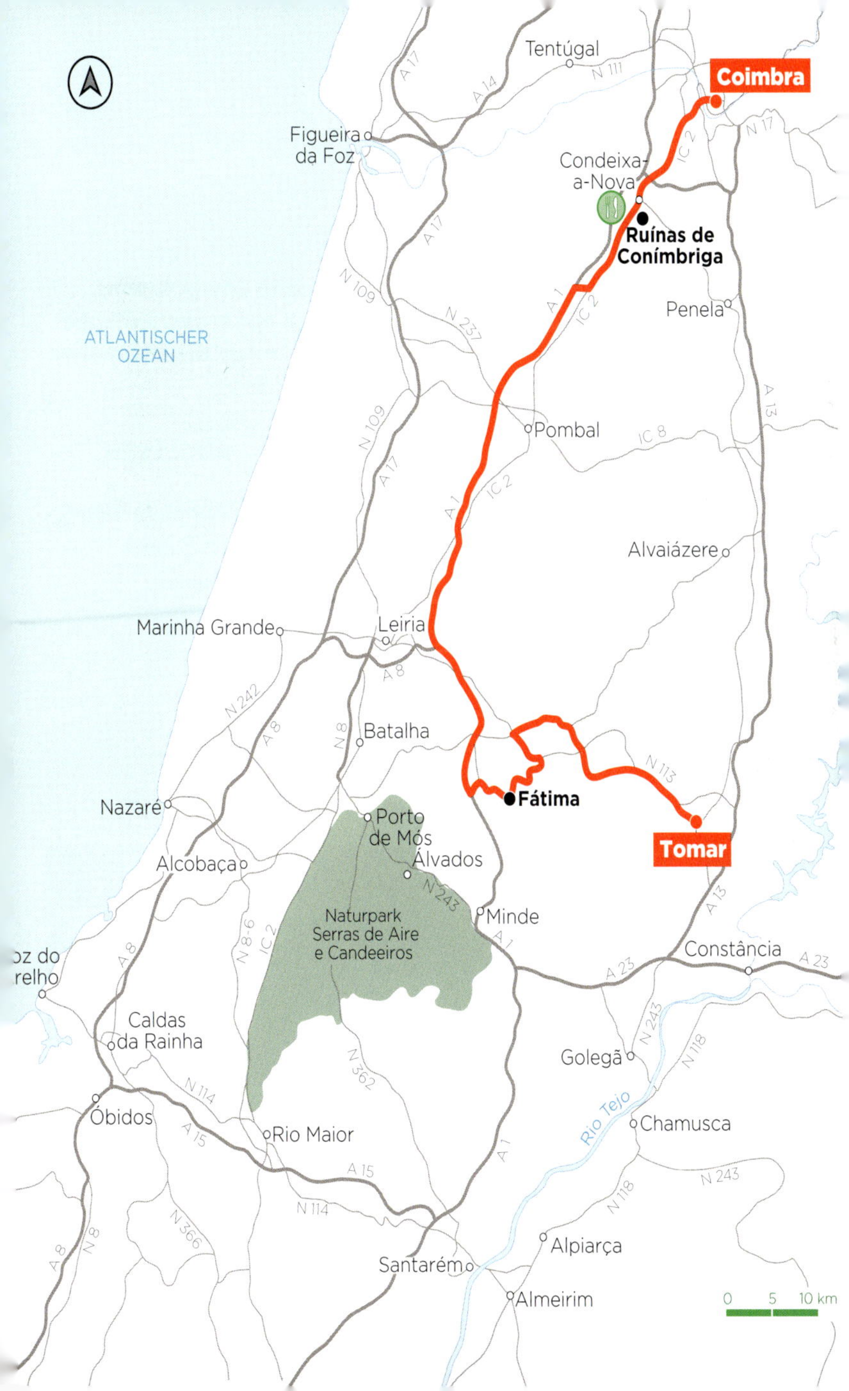

Coimbra
Tentúgal
Figueira da Foz
Condeixa-a-Nova
Ruínas de Conímbriga
Penela
ATLANTISCHER OZEAN
Pombal
Alvaiázere
Marinha Grande
Leiria
Batalha
Nazaré
Fátima
Tomar
Porto de Mós
Álvados
Alcobaça
Naturpark Serras de Aire e Candeeiros
Minde
Constância
Caldas da Rainha
Golegã
Óbidos
Rio Maior
Rio Tejo
Chamusca
Alpiarça
Santarém
Almeirim
0 5 10 km
A 17
A 14
N 111
N 17
IC 2
N 109
N 237
A 1
A 13
IC 8
A 8
N 242
N 8
N 113
N 243
N 8-6
A 23
N 118
N 114
N 362
A 15
N 366

ETAPPE 5 TOMAR

Ein Garten, der vom ruhigen Wasser des Nabão umspült wird, hübsche Gassen, in denen es duftet, und eine außergewöhnliche Festung auf einem bewaldeten Hügel: Sie betreten die ehemalige Hauptstadt der Templer.

- **Das historische Zentrum ist eine Fußgängerzone**
- **Kostenlose Parkplätze gibt es zwischen dem Busbahnhof und der Touristeninfo**
- **Rechnen Sie mit ca. 10 Min. Fußweg zum Convento de Cristo von der Praça da República**

SEHENSWERTES

- A Convento de Cristo
- B Altstadt
- C Praça da República
- D Sinagoga
- E Igreja São João Baptista
- F Parque de Mouchão

ADRESSEN

1. Estrelas de Tomar
2. Café Paraíso
3. Tabuleiro

TOUR 2
F Parque de Mouchão
Nabão
1
2
3
Igreja São João Baptista
C PRAÇA DA REPÚBLICA
E
D Sinagoga
B ALTSTADT
A Convento de Cristo
Castelo dos Templários
Mata Nacional dos Sete Montes
100 m
R. Leiria
R. da Silva Magalhães
Av. Marquês de Tomar
R. Camarão
Rua S. Cabral
R. Gil Avô
Rua Alexandre Herculano
R. Serpa Pinto
Rua São João
R. Dr. José Maria de Sousa
Rua Dr. Joaquim Jacinto
Rua Dona Aurora de Macedo
Rua Pedro Dias
Rua Infantaria 15
Rua Pé da Costa de Baixo
Rua dos Moinho
R. João Carlos Everard
Av. Dr Cândido Madureira
Tv. do Arco
Rua Arcos
Rua Saboaria
L. Saboaria
R. São Sebastião
Av. Gen. Bernardo Faria
Av. G. Tamagnini de Abreu
Rua Cel. Luiz Antônio Aparício
R. Conde de Ferreira
Largo 5 de Outubro
Estr. de Paiivo
N 349
N 110
Av. Combatentes da Grande Guerra

TOMAR SEHENSWERTES

A CONVENTO DE CRISTO

Eintritt

Eine riesige, von den Templern im 12. Jh. gegründete **Klosterfestung**. Eine Lektion in portugiesischer Architektur, von der Romanik bis zum Barock. Hinter den Mauern befindet sich ein Labyrinth aus Räumen, Kapellen, Klöstern (nicht weniger als acht!), Korridoren und Treppen. Die Höhepunkte sind die wunderbare Rotunde der Templer und das Fenster von Tomar, ein extravagantes Meisterwerk der manuelinischen Bildhauerei.

B ALTSTADT

Schlendern Sie durch den historischen Stadtkern, ein Schachbrettmuster aus hübschen mittelalterlichen Gassen, lang und schmal, gesäumt von weißen Häusern mit Blumenschmuck.

C PRAÇA DA REPÚBLICA

Der **Hauptplatz** von Tomar mit seinem schwarzweißen Kopfsteinpflaster, den schönen Fassaden aus dem 17. Jh. und der Statue von Gualdim Pais, dem Großmeister des Templerordens.

D SINAGOGA

Rua Joaquim Jacinto | Di–So | Eintritt frei

Die älteste **Synagoge** des Landes (Anfang 15. Jh.) und eine der wenigen, die die Vertreibung der Juden im Jahr 1496 überstanden haben. Sie ist sehr schlicht gehalten und beherbergt ein kleines Museum.

E IGREJA SÃO JOÃO BAPTISTA

Praça da República | Eintritt frei

Die **Kirche** ist bemerkenswert wegen ihres achteckigen Turms und ihres manuelinischen Portals. Sie beherbergt eine Sammlung von Gregório Lopez, einem großen portugiesischen Maler des 16. Jhs.

F PARQUE DE MOUCHÃO

An den Ufern des Nabão können Sie im Mouchão-Park haltmachen, der auf einer Insel liegt, die über eine kleine romantische Brücke erreichbar ist. Werfen Sie einen Blick auf das hölzerne Wasserrad.

 Die jeweiligen Öffnungszeiten finden Sie im Register ab S. 230.

TOMAR ADRESSEN

TOUR 2

1 ESTRELAS DE TOMAR

- Die beste Konditorei in Tomar.
- Spezialitäten: *Beija-me depressa, fatias de Tomar* und *queijinhos doces*.

Rua Serpa Pinto 12 | tgl. 8–2 Uhr

2 CAFÉ PARAÍSO

- Hundertjähriges Café im Art-déco-Stil.
- Eine Institution, die Tag und Nacht besucht wird!

Rua Serpa Pinto 127 | Di–So 8–2 Uhr

3 TABULEIRO

- Traditionelle Küche (*picadinho, brandade de cod*) mit großzügigen Portionen.
- Gutes Preis-Leistungs-Verhältnis.

Rua Serpa Pinto 148 | Mo–Sa 12–15, 19–22 Uhr

VON TOMAR NACH MARVÃO

- **Strecke: 144 km (2 Std. reine Fahrzeit)**
- **Zug bis Portalegre (2.5 Std.), dann Bus bis Marvão (35 Min.)**
- **Busse fahren zu den Sehenswürdigkeiten**

CASTELO DE ALMOUROL

2,5 km von Tancos | Eintritt

Bezauberndes kleines **Schloss** (12. Jh.) auf einer kleinen Insel auf dem Tejo (Bootsfahrt): eine Kulisse wie aus einem Ritterroman! Vom Bergfried aus hat man einen schönen Blick auf den Fluss.

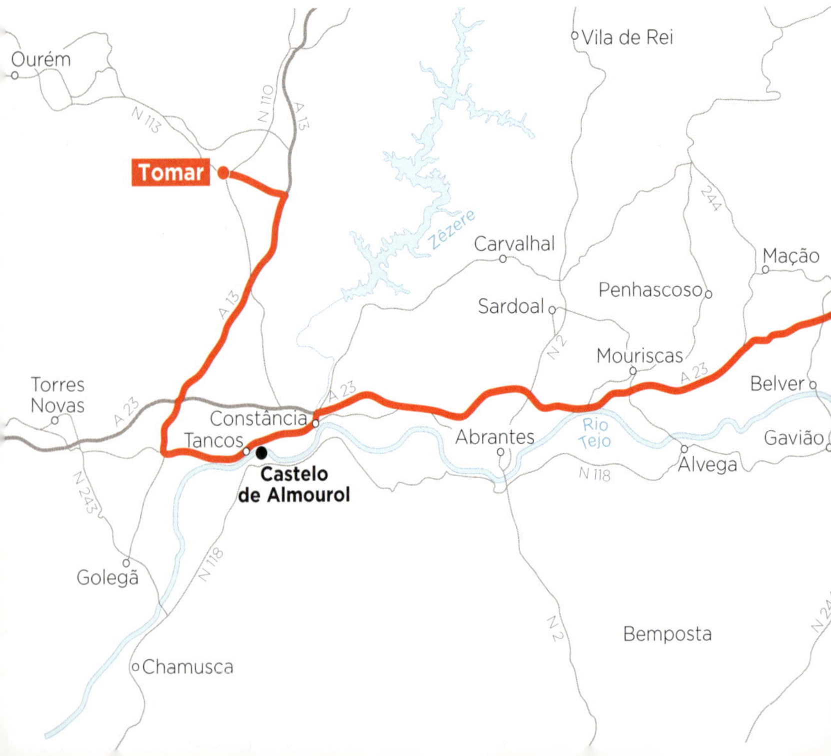

TOUR 2

CASTELO DE VIDE

Erkunden Sie die labyrinthartigen Gassen der mittelalterlichen Stadt mit dem alten jüdischen Viertel, das eines der am besten erhaltenen in Portugal ist. Herrliche Aussicht vom *castelo* (Burg).

RESTAURANTE D. PEDRO V

Castelo de Vide

- Alentejanische Küche: *migas* mit Kartoffeln und Schweinefleisch, *cachafrite* mit Zicklein.
- Serviert wird im Gewölbesaal.

Praça D. Pedro V | Mi–Mo mittags und abends

ETAPPE 6 MARVÃO

Erholen Sie sich in einem der schönsten Dörfer des Alentejo, einem wahren Adlernest mit unendlicher Ruhe, das die Ebene überragt, die Serra de São Mamede und Spanien. Spektakulär!

- **Parken Sie auf dem Parkplatz am Eingang des Dorfes oder im Dorf (largo da Olivença)**
- **Informationen über Wanderungen in der Serra de São Mamede erhalten Sie bei der Touristeninfo (rua de Baixo)**

HIGHLIGHTS

- A Dorf
- B Rundweg
- C Castelo
- D Museu Municipal
- E Reiten in der Serra de São Mamede

ADRESSES

1. O Castelo
2. Natural Bar
3. Varanda do Alentejo
4. Marvão com Gosto

TOUR 2
N 359 - 6
C Castelo
B Rundweg
Igreja Santiago de Marvão
A
Igreja de Santa Maria
D Museu Municipal
Rua do Castello
Rua de Baixo
Rua de Cima
L. DA OLIVENGA
Tv. do Chabouco
R. do
R. Dr. Matos Magalhães
Tv. do Sabugueiro
Rua 24 de Janeiro
PRAÇA DA PELOURINHO
Rua do Terreiro
R. das Portas da Vila
Tv. do Corro
Rua do Embique
Rua do Corro
Igreja de Santiago
R. de Santiago
Capela do Calvário
R. do Calvário
E Reiter der Serr São Mam
Convento de Nossa Senhora da Estrela
100 m

MARVÃO HIGHLIGHTS

A DORF

Verwinkelte Gassen, weiße Häuser, die in die Granitfelsen gebaut sind, Alentejano-Kamine, manuelinische Fenster und blumengeschmückte Balkone: Der hübsche Ort ist ein nationales Wahrzeichen.

B RUNDWEG

Stadtmauer (13. Jh.), die sich auf 900 m Höhe wunderbar in den Fels schmiegt. Vollständige Umrundung des Dorfes auf dem Wehrgang: atemberaubende Panoramen in alle Richtungen!

C CASTELO

Rua do Castelo | Eintritt

Sehr gut erhaltene mittelalterliche Zitadelle mit ihrem massiven Bergfried, Wällen, Höfen und Ringmauern. Atemberaubende Aussicht auf das Dorf. Entzückender kleiner Garten am Eingang.

D MUSEU MUNICIPAL

L. de Santa Maria | Di–So | Eintritt

Die alte Kirche Santa Maria beherbergt eine bunte Mischung aus archäologischen Funden, regionalen Trachten und sakralen Kunstwerken. Eine schöne Zusammenfassung der lokalen Geschichte.

E REITEN IN DER SERRA DE SÃO MAMEDE

www.caballosmarvao.com

Eichen- und Kastanienwälder, Ginsterfelder, Gänsegeier und Habichtsadler. Eine weitgehend unberührte Ecke des Alentejo mit üppiger Natur, die Sie zu Fuß, mit dem Mountainbike oder zu Pferd erkunden können! Caballos Marvão bietet tolle Reitausflüge in der Serra an, vom einstündigen Ausritt bis zum zweitägigen Wanderreiten: Schmuggler- oder Dolmenroute (die Region ist reich an Megalithen!), Abenteuer entlang des Flusses Sever oder an der spanischen Grenze.

 Die jeweiligen Öffnungszeiten finden Sie im Register ab S. 230.

MARVÃO ADRESSEN

TOUR 2

1 O CASTELO

- Für ein leichtes Mittagessen.
- Terrasse mit Aussicht.

Rua Dr Matos Magalhães 7 | tgl. 9–24 Uhr

2 NATURAL BAR

- Wein oder Cocktails auf der Terrasse.
- Jazzkonzerte und eine grandiose Aussicht.

Travessa do Chabouco 7A | tgl. 11–00 Uhr

3 VARANDA DO ALENTEJO

- Zahlreiche Gerichte mit schwarzem Alentejo-Schwein.
- Eine beliebte Adresse.

Praça do Pelourinho 1 | Di–So 12–15, 19–22 Uhr

4 MARVÃO COM GOSTO

»Ein Feinkostladen für den kleinen Hunger. Hier werden Kekse und Plätzchen vor unseren Augen gebacken! Zahlreiche regionale Produkte.«

Rua de Cima 1 | Do–Di 10–19 Uhr

VON MARVÃO NACH ÉVORA

- **Strecke: 190 km (3 Std. reine Fahrzeit)**
- **ca. 3 Std. mit dem Bus**
- **Die Busse fahren zu den Sehenswürdigkeiten**

ELVAS

Kleine befestigte Stadt, die zum UNESCO-Weltkulturerbe gehört und von Touristen kaum besucht wird. Umrunden Sie die Stadtmauern und das hübsche alte Zentrum. Beeindruckendes Aquädukt.

PAÇO DUCAL DE VILA VIÇOSA

Vila Viçosa | Eintritt

Führung (1 Std.) durch die Privatgemächer und prächtigen Prunkräume des ehemaligen **Palastes der Herzöge** von Braganza (16. Jh.) mit seiner reichen Kunstsammlung.

ESTREMOZ

Die größte »Marmorstadt« des Alentejo mit strahlenden Fassaden. Der Bergfried aus dem 13. Jh.überragt die Oberstadt und die Stadtmauern. Estremoz ist berühmt für seine Töpferwaren.

A CADEIA QUINHENTISTA

Estremoz

- Spezialitäten aus dem Alentejo in einem ehemaligen Gefängnis aus dem 16. Jh.
- Terrasse mit Aussicht.

Rua Rainha Santa Isabel. | tgl. 11–24 Uhr

ÉVORAMONTE

Burg Eintritt

Ein kleines befestigtes Dorf auf einem Hügel mit blumengeschmückten Fassaden. Steigen Sie wegen des Panoramas auf das *castelo* (14.–16. Jh.), ein schönes Beispiel manuelinischer Militärarchitektur.

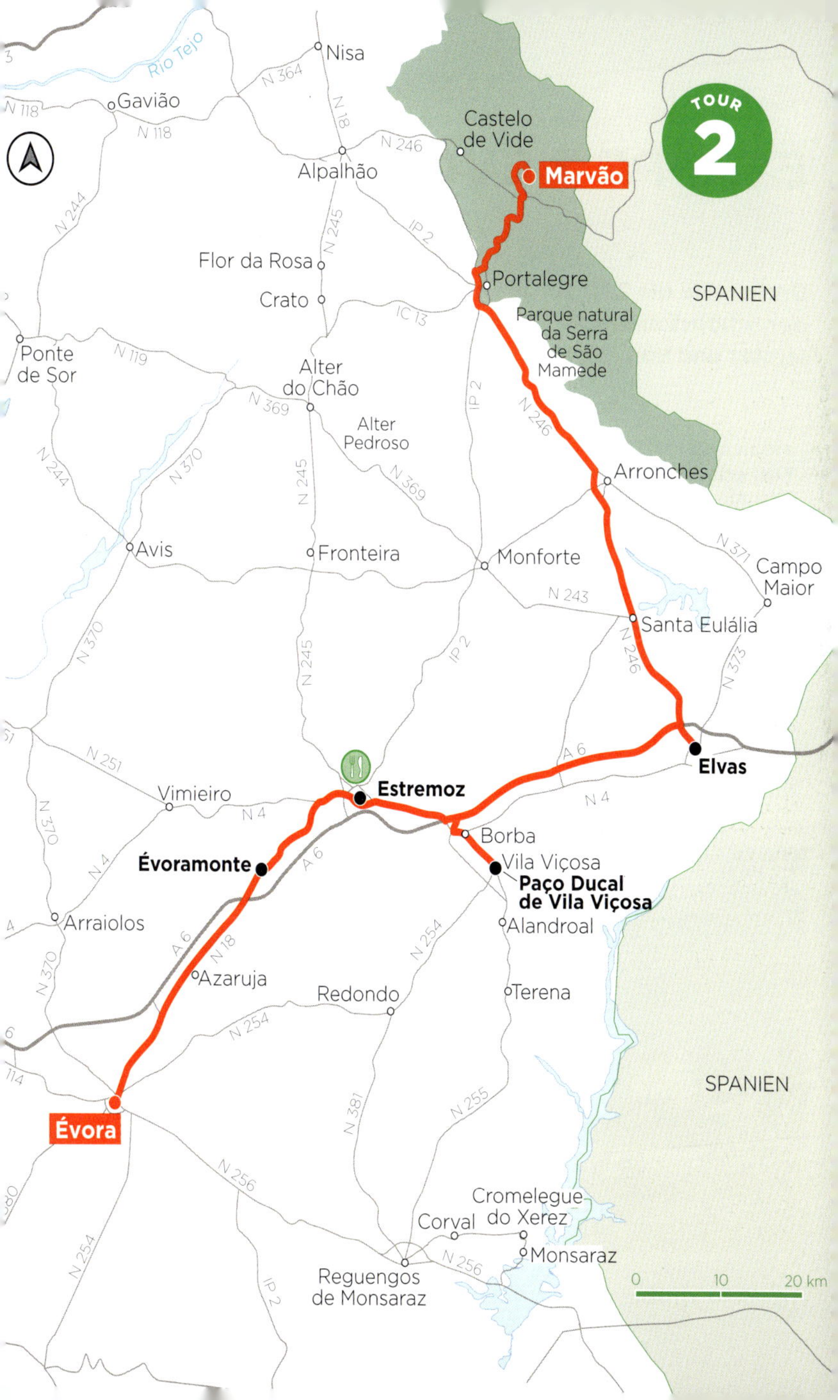
TOUR
2
Rio Tejo
Nisa
N 364
Gavião
N 118
N 118
N 18
N 246
Castelo
de Vide
Marvão
Alpalhão
N 244
N 245
IP 2
Flor da Rosa
Portalegre
Crato
IC 13
SPANIEN
Parque natural
da Serra
de São
Mamede
Ponte
de Sor
N 119
Alter
do Chão
N 369
IP 2
N 246
Alter
Pedroso
N 244
N 370
N 245
N 369
Arronches
Avis
Fronteira
Monforte
N 371
Campo
Maior
N 243
Santa Eulália
N 370
N 245
IP 2
N 246
N 373
N 251
A 6
Elvas
Estremoz
Vimieiro
N 4
N 4
N 370
Borba
Évoramonte
A 6
N 4
Vila Viçosa
Paço Ducal
de Vila Viçosa
Arraiolos
Alandroal
N 254
A 6
N 18
N 370
Azaruja
Redondo
Terena
N 254
SPANIEN
Évora
N 381
N 255
N 256
Cromelegue
do Xerez
Corval
Monsaraz
N 254
N 256
IP 2
Reguengos
de Monsaraz
0
10
20 km

ETAPPE 7 ÉVORA

Drehen Sie die Zeit zurück in der Hauptstadt des Alentejo, einer der schönsten Städte Portugals, die vor Denkmälern nur so strotzt und von der UNESCO zum Weltkulturerbe ernannt wurde.

- **Man kann alles zu Fuß erledigen! Parken Sie außerhalb der Stadtmauern (gebührenpflichtige und begrenzte Parkplätze in der Stadt).**
- **In der Touristeninfo (praça do Giraldo 73) gibt es Stadtpläne sowie Infos über die Alentejo-Weinstraße und Besuche von Weinkellern**

SEHENSWERTES

- A Altstadt
- B Templo Romano
- C Museu de Évora
- D Sé Catedral
- E Igreja de São João Evangelista
- F Universidade
- G Igreja de São Francisco

ADRESSEN

1. Pastelaria Pão de Rala
2. Botequim da Mouraria
3. Quarta Feira
4. Art Cafe
5. Horas Incertas
6. Culpa Tua

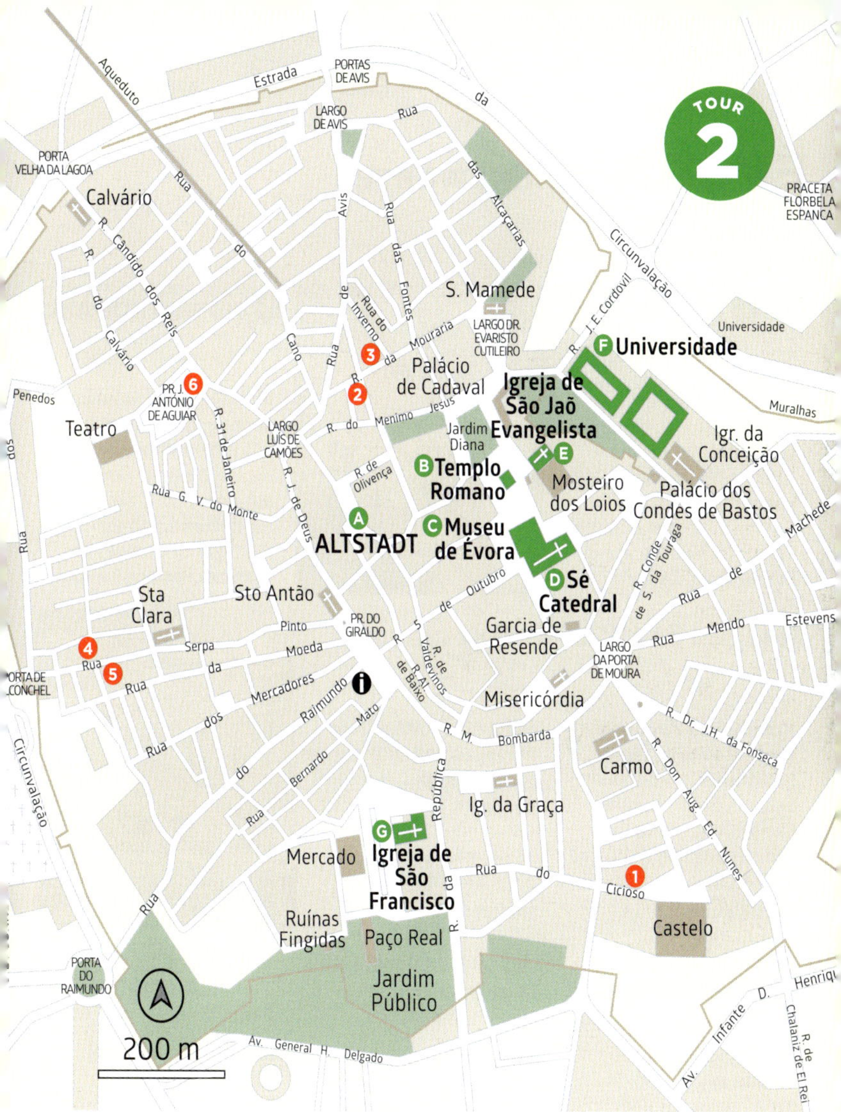
TOUR 2
Aqueduto
Estrada
PORTAS DE AVIS
LARGO DE AVIS
Rua
da
das
Alcaçarias
Circunvalação
PRACETA FLORBELA ESPANCA
PORTA VELHA DA LAGOA
Calvário
Rua
do
R. Cândido dos Reis
R. do Calvário
Avis
de
Rua
Rua das Fontes
Rua do Inverno
Cano
S. Mamede
LARGO DR. EVARISTO CUTILEIRO
Mouraria
da
R. J. E. Cordovil
Universidade
Universidade
Muralhas
Palácio de Cadaval
Igreja de São Jaõ Evangelista
Jesus
R. do Menimo
PR. J. ANTÓNIO DE AGUIAR
Penedos
Teatro
LARGO LUÍS DE CAMÕES
R. 31 de Janeiro
Jardim Diana
Igr. da Conceição
Templo Romano
Mosteiro dos Loios
Palácio dos Condes de Bastos
R. de Olivença
Rua G. V. do Monte
R. J. de Deus
ALTSTADT
Museu de Évora
Machede
Rua
R. Conde de S. da Touraga
Sé Catedral
Outubro
de
Rua de Mendo Estevens
Sta Clara
Sto Antão
Pinto
PR. DO GIRALDO
Garcia de Resende
Serpa
Moeda
R. de Valdevinos
R. Al. de Baixo
LARGO DA PORTA DE MOURA
Rua
PORTA DE ALCONCHEL
Rua
da
Mercadores
Raimundo
Mato
Misericórdia
R. Dr. J.H. da Fonseca
Rua
dos
R. M. Bombarda
Carmo
R. Don Aug. Ed. Nunes
Circunvalação
Rua
do
Bernardo
República
Ig. da Graça
Rua
Mercado
Igreja de São Francisco
Rua do Cicioso
R. da
Ruínas Fingidas
Paço Real
Castelo
PORTA DO RAIMUNDO
Jardim Público
200 m
Av. General H. Delgado
Av. Infante D. Henrique
R. de Chalaniz de El Rei

ÉVORA SEHENSWERTES

A ALTSTADT

Kleine, traditionell bemalte Häuser, hübsche Geschäfte, versteckte Kirchen. Sich in dem Labyrinth aus alten Gassen mit abgerundeten Pflastersteinen zu verlieren, ist ein Zauber.

B TEMPLO ROMANO

Auf dem Largo do Conde de Vila Flor | Eintritt frei

Mit seinen 14 Säulen und korinthischen Kapitellen aus Estremoz-Marmor ist dieser römische Tempel aus dem 2. Jh. einer der am besten erhaltenen in Portugal. Er ist eines der Wahrzeichen von Évora.

C MUSEU DE ÉVORA

Largo do Conde de Vila Flor | Di–So | Eintritt

Kunst- und Archäologiemuseum im ehemaligen Bischofspalast (16. Jh.). Sehen Sie sich die zarten Skulpturen von Nicolas Chantereine und das flämische Altarbild des Lebens der Jungfrau Maria an.

D SÉ CATEDRAL

Largo do Conde de Vila Flor | Di–So | Eintritt

Die größte **Kathedrale** Portugals und ihr gotischer Kreuzgang. Besteigen Sie den Turm, bewundern Sie das Chorgestühl aus dem 16. Jh. und verpassen Sie nicht das Museum für sakrale Kunst.

E IGREJA SÃO JOÃO EVANGELISTA

Av. S. Francisco | Di–So | Eintritt

Wunderschöne kleine **Kirche** aus dem 15. Jh. mit Azulejos aus dem 18. Jh. Kurios: Im Untergeschoss befinden sich eine alte arabische Zisterne und ein Beinhaus der Mönche.

F UNIVERSIDADE

Largo dos Colegiais | Mo–Sa | Eintritt frei

Im 16. Jh. von den Jesuiten gegründet, ist sie eine der schönsten **Universitäten** des Landes: ein Kreuzgang im Stil der italienischen Renaissance und mit Azulejos ausgekleidete Hörsäle.

G IGREJA SÃO FRANCISCO

Praça 1° de Maio | Eintritt frei

Große gotisch-manuelinische **Kirche** aus dem frühen 16. Jh. mit barocken Kapellen. Eintritt für die Kapelle, die mit den Gebeinen von 5000 Verstorbenen geschmückt ist.

 Die jeweiligen Öffnungszeiten finden Sie im Register ab S. 230.

ÉVORA ADRESSEN

TOUR 2

1 PASTELARIA PÃO DE RALA

• Zeitlose Konditorei.
• Süßigkeiten aus dem Kloster und *pão de rala* (Mandelkuchen), eine lokale Spezialität.
Rua do Cicioso 47 | tgl. 8–19 Uhr | Preise nach Gewicht

2 BOTEQUIM DA MOURARIA

• Kleine, gut besuchte Taverne mit neun Plätzen an der Theke.
• Schmackhafte lokale Küche.
Rua da Mouraria 16 A | Mo–Fr 12.30–15 Uhr

3 QUARTA FEIRA

»Eine typische und einladende Taverne. Ich mag ihre Spezialität: geschmortes schwarzes Schwein.«
Rua do Inverno 16 | Mo 19.30–21.30, Di–Sa 12.30–15, 19.30–21.30 Uhr

4 ART CAFE

• Café-Bar für Bohemiens in einem Kloster.
• Cooles Ambiente, vegetarische Gerichte.
Rua Serpa Pinto 6 | tgl. 9–24 Uhr (außer Mo Abend)

5 HORAS INCERTAS

Eintritt frei

• Vom Jugendstil inspirierte Bar.
• Jazz- und Weltmusikkonzerte.
Rua Serpa Pinto 141 | Mi–So 19–2 Uhr

6 CULPA TUA

»Évora weiß, wie man feiert! Wein- und Gin-Bar, in der die Stimmung immer cool und es auf der Terrasse im Sommer angenehm ist.«
Praça Joaquim António de Aguiar 6 | tgl. 18–1 Uhr

MONSARAZ UND DER ALQUEVA-STAUSEE

- **53 km von Évora entfernt über die N256 und die M514**
- **Insgesamt 117 km lange Schleife (1.50 Std. reine Fahrzeit)**
- **Bus bis Reguengos de Monsaraz, dann Verbindung nach Monsaraz (2.15 Std.)**

MONSARAZ

Parkplatz am Eingang der Zitadelle

Kleine, gepflasterte Gassen, weiß getünchte Mauern und eine mittelalterliche Burg auf einem Hügel, die von einer Stadtmauer umgeben ist – ein Dorf, das aus der Zeit gefallen scheint und so wunderbar ist, wie es nur sein kann! Wunderschöner Blick auf die umliegende Landschaft mit Olivenbäumen, Weinbergen und hundertjährigen Eichen sowie auf den Stausee von Alqueva.

ALQUEVA-STAUSEE

Strand von Monsaraz

Am Fuße von Monsaraz erstreckt sich einer der größten künstlich angelegten **Seen** Europas. Eine willkommene Erfrischung unter der sengenden Sonne des Alentejo. Auf dem Programm stehen Wanderungen, Mountainbiketouren, Schwimmen, Bootsfahrten und Wassersport: Segeln, Wasserski, Wakeboard, Kanu, SUP und mehr. Man trifft sich im Wassersportzentrum am Strand von Monsaraz!

SABORES DE MONSARAZ

Monsaraz

- Terrasse mit Aussicht.
- Alentejanische Küche: schwarzes Schwein, Kabeljau mit Croûtons.

Largo de São Bartolomeu | tgl. (außer Mo und Di Mittag) 12.30–15.30, 19.30–22.30 Uhr

CROMELEQUE DO XERES

1,5 km östl. von Monsaraz befindet sich die einzige quadratische Megalithanlage Welt: 50 Megalithen und ein 4 m hoher Menhir, die beim Bau des Staudamms an den heutigen Standort versetzt wurden.

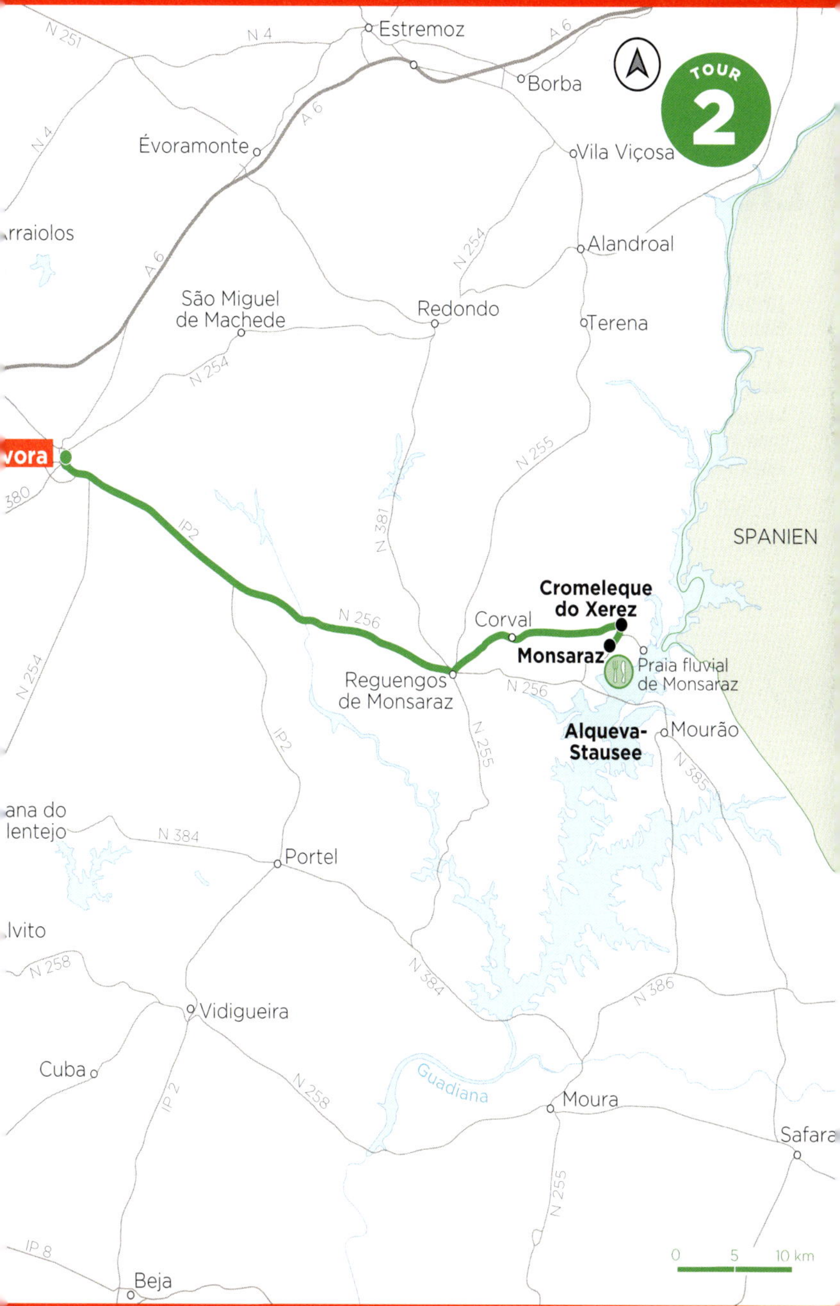
TOUR
2
Estremoz
Borba
Évoramonte
Vila Viçosa
rraiolos
Alandroal
São Miguel
de Machede
Redondo
Terena
vora
SPANIEN
Cromeleque
do Xerez
Corval
Monsaraz
Praia fluvial
de Monsaraz
Reguengos
de Monsaraz
Alqueva-
Stausee
Mourão
ana do
lentejo
Portel
lvito
Vidigueira
Cuba
Guadiana
Moura
Safara
Beja
N 251
N 4
A 6
N 254
N 255
N 256
N 381
IP2
380
N 384
N 385
N 386
N 258
IP 2
IP 8
0
5
10 km

VON ÉVORA NACH LISSABON

- **Strecke: 168 km (2.50 Std. reine Fahrzeit)**
- **1.20–1.45 Std. mit Bus oder Zug**
- **Busse oder Züge fahren nach Setúbal und Cristo Rei**

SETÚBAL

Industrie- und Hafenatmosphäre, Street Art, eine lebhafte Markthalle und ein hübsches altes Zentrum. Igreja de Jesus Cristo (manuelinische Architektur) und Panoramasicht vom Castelo de São Filipe.

SOLAR DO MARQUÊS DE SETÚBAL

Setúbal

- Gutes kleines Fischrestaurant, um die lokale Spezialität *choco frito* (frittierter Tintenfisch) zu probieren.

Largo António Joaquim Correia 29–31 | tgl. 10–24 Uhr

TOUR 2

PRAIA DO PORTINHO DA ARRÁBIDA

Ein kleines Juwel mit weißem Sand und türkisfarbenem Wasser inmitten der grünen Serra da Arrábida. Er ist einer der schönsten **Strände** Portugals. Ein Hauch von Mittelmeer!

CRISTO REI

Almada | Ascenseur Eintritt

Eine »Miniatur«-Replik der Christusstatue in Rio de Janeiro. Steigen Sie auf die Terrasse, um einen grandiosen Ausblick auf Lissabon, die Tejo-Mündung und die Serra da Arrábida zu genießen.

FARO — CARVOEIRO — LAGOS — ODECEIXE — FARO

DIE ALGARVE: ZWISCHEN SERRA UND KÜSTE

TOUR 3

Paradiesische Strände, wilde Küsten und weiße Dörfer: das Beste aus dem Süden Portugals in vier Etappen.

1 Faro

Das Tor zum Naturpark Ria Formosa
2 Tage

2 Carvoeiro

Charmante Bucht
1 Tag

3 Lagos

Party, Strände und Spaß am Wasser
1–2 Tage

4 Odeceixe

In den Wilden Westen
1–2 Tage

4 Tagesausflüge

- **Von Faro:** Loulé
- **Von Carvoeiro:** Percurso dos Sete Vales Suspensos
- **Von Odeceixe:** Rota Vicentina und Cabo Sardão

ETAPPE 1 FARO UND UMGEBUNG

VOM FLUGHAFEN INS ZENTRUM

Bus: 14 und 16 (Kleingeld bereithalten). 15 Min. Fahrt zu den Busbahnhöfen in der Nähe des Stadtzentrums
Taxi: ca. 15 Min.

SEHENSWERTES

Faro ist das Tor zum Naturpark Ria Formosa. Um die Etappe am besten zu erkunden, haben wir sie in drei Teile gegliedert:

1. Faro
2. Parque Natural da Ria Formosa
3. Tavira

TOUR 3

UNTERWEGS IN FARO UND DEM NATURPARK RIA FORMOSA

Die Altstadt von Faro lässt sich am besten zu Fuß erkunden.
Bus: Busse 14 und 16 zum Strand von Faro. Bus nach Tavira.
Auto: Fußgängerzone, Parkplatzprobleme. 900 kostenlose Parkplätze auf dem Largo de São Francisco. Parkplätze auch in der Nähe des Bahnhofs und des Jachthafens.
Schiff: Zu den Inseln des Naturparks Ria Formosa mit der Fähre. **Barreta** und **Farol** von der Marina Faro aus. **Farol** und **Culatra** von Olhão aus. **Ilha de Tavira** ab Tavira.
Zug: Verbindungen zu den Städten an der Küste, darunter Tavira.

FARO UND UMGEBUNG

1 FARO

Ein kleiner Jachthafen, hübsche Kopfsteinpflastergassen, eine alte Zitadelle und hoch oben Storchennester – der Hauptstadt der Algarve, dem Tor zum herrlichen Naturpark Ria Formosa, mangelt es nicht an Attraktionen.

SEHENSWERTES

- A Marina
- B Cidade Velha
- C Sé
- D Museu Municipal
- E Igreja do Carmo et Capela dos Ossos

MITTAGSPAUSE

- 1 Chefe Branco
- 2 Maktosas
- 3 Tasca do Ricky
- 4 Gengibre e Canela

RESTAURANTS

- 5 31 Bistro Vinho & Comp.
- 6 Adega Nova
- 7 A Venda
- 8 Tertúlia Algarvia
- 9 A Tasca do João
- 10 Faz Gostos

AUSGEHEN

- 11 Columbus Bar
- 12 Bar O Castelo
- 13 Teatro Lethes
- 14 Cosmopolitan Bar
- 15 Aperitivo Bar

TOUR 3
MILREU, S. BRÁS, CASTRO VERDE
Igr. do Carmo e Capela dos Ossos
Igr. S. Pedro
Teatro
Marina
Jardim Manuel Bivar
Igr. da Misericórdia
Arco da Vila
Centro Ciencia Viva Algarve
Cidade Velha
Sé
Câmara municipal
Museu Municipal
Arco de Repouso
Arco da Porta Nova
Igr. S. Francisco
Rodoviária
Estação
Formosa
LARGO DE CAMOÊS
L. DA CAAMPO DA FEIRA
L. DO CARMO
LARGO DO POÇO
L. DE S. PEDRO
PRAÇA S. PORTO
L. DAS MOURAS VELHAS
L. DO SOL POSTO
L. DA ESTAÇAO
L. DA MADALENA
PR. F. DE ALMEIDA
PRAÇA FRANCISCO GOMES
PR. DA LIBERDADE
PR. A. HERCULANO
LARGO DO PÉ DA CRUZ
PRAÇA ALFONSO III
L. DO CASTELO
LARGO DE SÃO FRANCISCO
R. Aboim Ascençao
R. do Gal Théofilo Trindade
R. de Loulé
R. C. Dória
R. Da Atalaia
R. Serpa Pinto
R. da Boavista
Rua Infante D. Henrique
R. Conselheiro S. Telers
R. Miguel Bombarda
R. V. Coelho
R. Fr. Barreto
T. de Braga
R. G. Eanes
R. de Forno
R. da Madalena
R. de S. Pedro
R. da Barqueta
R. R. Conselheiro Bivar
Av. da República
R. do Prior
R. do Compromisso
R. F. Alistão
R. Capitão Mor
R. 1° de Maio
R. da Marinha
R. Ivens
R. Ten Valdim
R. Fr. Gomes
Rua do Alportel
R. Brito Cabreira
R. Cruz das Mestras
R. do Sol
R. B. Lopes
R. do Lethes
R. Vasco da Gama
R. H. Machado
R. João de Deus
R. J. Cumano
Rua Dr. Mouzinho de Albuquerque
Rua Almeida Garrett
R. de Portugal
Tr. da Mota
R. Dr. J. Lúcio
R. de Sto António
Tr. do Pé da Cruz
R. do Pé da Cruz
Rua R. da Silva
R. Castilho
R. 1° de Dezembro
R. J. Dias
R. do Montepio
R. da Misericórdia
R. A. Herculano
Rua Brites de Almeida
R. do Bocage
Rua do Bocage
R. do Albergue
R. S. Francisco
R. da Cacadores
Rua Teresa Ramalhao
Rua E. Aboim
S. de Lemos
R. Rasquinho
R. do Município
R. Repouso
R. do Trem
R. do Castelo
Av. Eng. Joachim L. Belchior
TAVIRA, VILA REAL
Rua de Sã
100 m

FARO UND UMGEBUNG

1 FARO SEHENSWERTES

A MARINA

Schlendern Sie um den Jachthafen und durch den kleinen Jardim Manuel Bívar, wo man im Schatten der Palmen Karten spielt. Im Hafenmeisteramt ist das Schifffahrtsmuseum untergebracht.

B CIDADE VELHA

Granithäuser, Orangenbäume, kleine Restaurants – die charmante Altstadt ist komplett von einer Stadtmauer umgeben. Zugang über den monumentalen Arco da Vila.

C SÉ

Largo da Sé | Eintritt frei

Die mittelalterliche **Kathedrale** von Faro, die im 18. Jh. wieder aufgebaut wurde, birgt kleine barocke Juwelen. Vom Glockenturm hat man einen schönen Blick über die Lagune.

D MUSEU MUNICIPAL

Praça Dom Afonso III 14 | Di–So

Lapidarium und archäologische Sammlung im ehemaligen Klarissenkloster. Man kommt hier vor allem wegen des hübschen Kreuzgangs und des römischen Mosaiks des Gottes Neptun her.

E IGREJA DO CARMO E CAP. DOS OSSOS *Largo do Carmo*

Eine große **Barockkirche** (1719), bei der mit Blattgold nicht gespart wurde, und eine verstörende **Kapelle**, die vom Boden bis zur Decke mit menschlichen Schädeln und Knochen bedeckt ist.

FARO UND UMGEBUNG

TOUR 3

1 FARO MITTAGSPAUSE

1 CHEFE BRANCO

- Einfacher Rahmen, herzhafte Familienküche.
- *Cataplana* mit Fisch, Oktopusspieß und Gambas.

Rua de Loulé 9 | tgl. 12–23 Uhr

2 MAKTOSAS

- Boheme-Café mit einer Terrasse unter Jacaranda-Bäumen.
- Lokale Gerichte, getoastete Sandwiches, Salate.

Rua do Alportel 29 | tgl. 9–2 Uhr

3 TASCA DO RICKY

- Gutes, kleines Restaurant, gemütlich und ohne Schnickschnack.

Rua do Forno 21 | Mo–Sa 12–15, 17–22 Uhr

4 GENGIBRE E CANELA

- Köstliches warmes und kaltes vegetarisches Büfett (Suppe, Hauptgericht, Salat) und frische Fruchtsäfte.

Travessa da Mota 10 | Mo–Sa 12–15 Uhr

FARO UND UMGEBUNG

1 FARO RESTAURANTS

5 31 BISTRO VINHO & COMP.

- Schmackhafte *petiscos* (Tapas).
- Einrichtung wie zu Hause, hübsche Terrasse.

Rua do Montepio 24 | Mo–Sa 18.30–23.30 Uhr

6 ADEGA NOVA

- Rustikale Taverne.
- Große Auswahl an gegrilltem Fisch und Fleisch.

Rua Francisco Barreto 24 | So–Fr 12–15.30, 18.30–23 Uhr

7 A VENDA

- Leckere portugiesische Tapas, Dekoration im Großmutter-Stil.
- Trendige Adresse.

Rua do Compromisso 60 | Mo–Sa 12.30–15, 19.30–23 Uhr

8 TERTÚLIA ALGARVIA

»Gutes Restaurant mit traditioneller Küche, das ich meinen Freunden auf der Durchreise in Faro empfehle.«

Praça Dom Afonso III, 13–15 | Mo–Sa 10.30–23 Uhr

9 A TASCA DO JOÃO

»Tolles kleines *petiscos*-Restaurant voller Charme, abseits der ausgetretenen Pfade. Vor allem zu empfehlen ist das schwarze Alentejano Schwein.«

Largo do Pé da Cruz 27 | Di–So 18.30–24 Uhr

10 FAZ GOSTOS

- Portugiesische Gourmetküche.
- Retro-Chic-Saal.

Rua do Castelo 13 | Mo–Fr 12–15, 19–23, Sa 19–23 Uhr

FARO UND UMGEBUNG

TOUR 3

1 FARO AUSGEHEN

11 COLUMBUS BAR

• Lounge-Bar.
• Gute Cocktails, die Sie auf der Terrasse mit Blick auf den Garten und den Jachthafen genießen können.

Praça Dom Francisco Gomes 13 | *tgl. 12–4 Uhr*

12 BAR O CASTELO

»Die perfekte Bar, um den Sonnenuntergang über der Lagune zu bewundern. Gute Cocktails und kostenlose Livemusik am Abend.«

Photo | *Rua do Castelo 11* | *tgl. 11–4 Uhr*

13 TEATRO LETHES

• Jesuitenkolleg, das im 19. Jh. in ein Theater umgewandelt wurde.
• Auf dem Programm stehen Theater, Konzerte und Tanz.

Rua Lethes | *Eintritt bei Aufführungen*

14 COSMOPOLITAN BAR

• Rooftop-Bar, die Cocktails in ungewöhnlichen Behältnissen serviert.
• Atemberaubender Blick auf den Jachthafen und die Ria Formosa.

Hotel Faro, praça Dom Francisco Gomes 2 | *tgl. 11–1 Uhr*

15 APERITIVO BAR

• Eine coole *petiscos*- und Cocktailbar. Terrasse unter Orangenbäumen.
• Kostenloses Happy-Hour-Büfett (18-20 Uhr). Livemusik.

Rua Conselheiro Bivar 51 | *tgl. 18–2 Uhr*

FARO UND UMGEBUNG

2 NATURPARK RIA FORMOSA

Tauchen Sie vor den Toren Faros ein in die herrliche Landschaft der Lagune Ria Formosa und ihre Inseln aus feinem Sand. Ein Paradies für Vögel und zum Entspannen. Gehen Sie zu Fuß, mit dem Kanu oder einem Boot auf Entdeckungsreise.

- **Bus 16 (vor dem Bahnhof) zum Praia de Faro**
- **Zugang zu den Inseln Barreta und Farol mit dem Boot vom Jachthafen Faro aus; Ilha do Farol (im östl. Teil Culatra genannt) auch von Olhão aus erreichbar**
- **Strände ohne Schatten**

HIGHLIGHTS

- A Naturpark Ria Formosa
- B Mit dem Boot in die Lagune
- C Praia de Faro
- D Ilha da Barreta
- E Ilha do Farol / Ilha da Culatra
- F Olhão

TOUR 3
Santa Bárbara de Nexe
A 22
Estói
A 22
M 1312
Falfosa
Esteval
M 516
N 398
Moncarapacho
M 520
IC 4
N 2-6
M 516
Quelfes
Conceição
M 519
Chelote
Pechão
Fuseta
N 125
ontenegro
Olhão
F
N 125
Armona
Ilha da Armona
Marina
Faro
Praia da Armona-Mar
Naturpark Ria Formosa
A
Praia da Culatra
Culatra
aia
Faro
B
Ilha da Culatra
E
Ilha do Farol
Farol
Praia do Farol
Ilha da Barreta (Ilha Deserta)
D
Praia da Barreta
ATLANTISCHER OZEAN
2
4 km

FARO UND UMGEBUNG HIGHLIGHTS

2 NATURPARK RIA FORMOSA

A NATURPARK RIA FORMOSA

Entdecken Sie den Naturpark und die Inseln mit dem Boot von Faro oder Olhão aus

Das Naturjuwel der Algarve: Die Lagune, die vom Ozean durch eine lange, schmale sandige Inselkette getrennt ist, erstreckt sich über 60 km zwischen Praia de Faro und Cacela Velha. Ein 18 400 ha großes, faszinierendes Labyrinth aus Kanälen, Inseln, Sandbänken und Sümpfen, ein Paradies für Flamingos, Störche und das Sultanshuhn. Die Inseln der Lagune bieten wunderschöne, mehr oder weniger unberührte Strände.

B MIT DEM BOOT IN DIE LAGUNE

www.formosamar.com

Entdecken Sie die Inseln und Kanäle mit einem Fischerboot oder Katamaran und beobachten Sie Vögel und Delfine mit einem Veranstalter, der auf Ökotourismus spezialisiert ist.

C PRAIA DE FARO

Ilha de Faro

Ein wunderschöner, langer Strand zwischen Lagune und Ozean, der mit bunt angemalten Fischerhütten, Bars und Restaurants gespickt ist. Wassersportaktivitäten sind hier Kanufahren und Windsurfen.

D ILHA DA BARRETA

(Ilha Deserta)

»Die einsame Insel« ist ein kleines Paradies aus Sand und Wasser, in dem man Robinson spielen kann. Bringen Sie ein Picknick mit oder gehen Sie in das einzige Restaurant auf diesem unbewohnten Eiland.

E ILHA DO FAROL / ILHA DA CULATRA

Per Boot von Faro oder Olhão

Netter Zwischenstopp auf der Insel Farol mit ihrem Leuchtturm, dem Pier und dem riesigen Sandstrand, der sich bis zur Insel Culatra und ihrem kleinen Fischerdorf mit den weißen Häusern erstreckt.

F OLHÃO

Der größte Fischereihafen der Algarve mit einer Altstadt, die wie ein kubistisches Dorf aussieht, einer lebhaften Markthalle und Fischrestaurants.

TOUR
3

FARO UND UMGEBUNG

3 TAVIRA

Mit seinen belebten Kais, einem orientalischen Flair und seinen 37 Kirchen verführt Tavira zum Bleiben. Nicht weit entfernt liegen kleine Fischerdörfer und traumhafte Strände, die Sie ebenfalls verzaubern werden.

- **Tavira ist 30 Min. mit dem Auto, 35 Min. mit dem Zug und 45 Min. mit dem Bus von Faro entfernt**
- **Nach Santa Luzia und Cacela Velha fahren Busse von Tavira aus**
- **Fähre zur Insel Tavira: Anlegestelle im Stadtzentrum im Sommer (largo José Pires Padinha) oder ganzjährig von Quatro Águas 2 km südl. von Tavira**
- **Ein kleiner Touristenzug fährt in Tavira an der römischen Brücke ab**

VISITES

A Tavira
B Ilha de Tavira
C Santa Luzia
D Praia do Barril
E Cacela Velha

TOUR 3
A 22
N 397
A 22
A 22
M 1239
M 508
N 125
N 270
N 125
Almargem
Vila Nova de Cacela
E Cacela Velha
Fábrica
Conceição
Cabanas
Santa Margarida
Tavira
A
Santiago
Bootsanleger
B Ilha da Tavira
Santa Luzia
C
D Praia do Barril
ATLANTISCHER OZEAN
0
2
km

FARO UND UMGEBUNG

SEHENSWERTES 3 TAVIRA

A TAVIRA

Achten Sie bei einem Spaziergang durch die Altstadt auf die Maschrabija-Türen und die Giebeldächer, die von chinesischen Tempeln inspiriert sind. Besuchen Sie das Castelo dos Mouros, dessen Mauern einen schönen kleinen Garten umschließen. Schlendern Sie mit einem Eis in der Hand unter den Palmen des Jardim do Coreto und überqueren Sie die hübsche römische Brücke, um die Stadt aus einem anderen Blickwinkel zu betrachten.

B ILHA DE TAVIRA

Anlegerstelle Quatro Águas | Ticket für das Boot

In Tavira gibt es auch einen Strand! Gehen Sie durch die Salzgärten bis zum Pier und nehmen Sie die Fähre (15 Min.) zu einer der schönsten Inseln der Lagune. Feiner Sand, so weit das Auge reicht!

C SANTA LUZIA

Die kleine Hauptstadt des Oktopus! Bei einem Halt in diesem Fischerdorf kann man die lokale Spezialität genießen. Der Hafen erwacht am Morgen zum Leben, wenn der Fischmarkt stattfindet.

D PRAIA DO BARRIL

Ilha de Tavira | Anfahrt über Pedras del Rei

Vom Dorf Pedras del Rei aus führt eine Brücke zu diesem wunderschönen **Strand**, den man zu Fuß oder mit einem Zug erreichen kann. Dünen und weißer Sand: das Juwel der Insel Tavira.

E CACELA VELHA

»Bezaubernde kleine Ortschaft mit weißen Häusern und einer Festung mit wunderschöner Aussicht über die Lagune und den herrlichen Sandstrand.«

 Die jeweiligen Öffnungszeiten finden Sie im Register ab S. 230.

TOUR 3

TAGESAUSFLUG VON FARO

LOULÉ

UND DIE SERRA DO CALDEIRÃO

- **92 km lange Rundfahrt mit dem Auto (1.50 Std. reine Fahrzeit**
- **Sehenswürdigkeiten mit dem Bus erreichbar**

MARKT VON LOULÉ

Mo–Sa 7–15 Uhr

Die Leute kommen aus der ganzen Algarve wegen der Markthalle von Loulé, einem neomaurischen Tempel (1908) der lokalen Gastronomie. Samstagmorgen ist ein beliebter Flohmarkt.

O PESCADOR

Loulé

- Großzügige Portionen, große Auswahl an portugiesischen Fleisch- und Fischgerichten.

Rua José Fernandes Guerreiro 54 | Mo–Sa 12–15, 19–22 Uhr

ROCHA DA PENA

Pena | Markierter Rundweg von 6 km (2–3 Std.)

Die schönste Wanderung in der Serra do Caldeirão! Steigen Sie auf einen 479 m hohen Kalksteinfelsen zwischen Korkeichen und Macchia und genießen Sie auf dem Gipfel eine spektakuläre Aussicht.

ALTE

Gönnen Sie sich eine Pause in diesem kleinen weißen Dorf in der Serra do Caldeirão mit seinen blumengeschmückten Häusern und den *fontes* (Quellen), in denen man ein Bad nehmen kann.

IGREJA DE SÃO LOURENÇO

Almancil | Eintritt

»Ein Meisterwerk des portugiesischen Barocks! Das Innere der **Kirche** aus dem 18. Jh. ist vollständig mit blau-weißen Azulejos ausgekleidet, die an das Leben des heiligen Laurentius erinnern.«

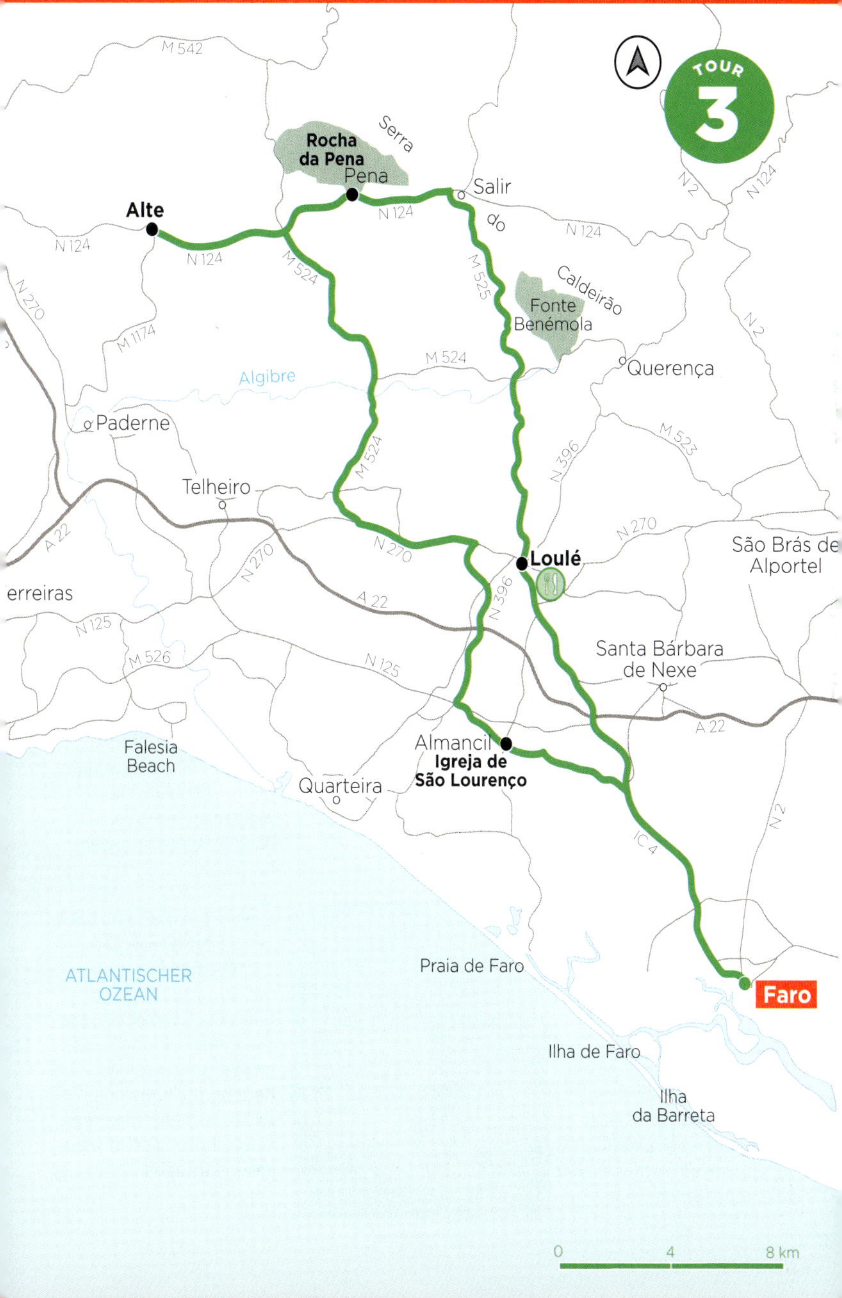

TOUR 3
M 542
Rocha da Pena
Pena
Serra do Caldeirão
Salir
Alte
N 124
M 524
M 525
N 270
M 1174
Fonte Benémola
M 524
Algibre
Querença
N 2
N 124
Paderne
M 523
N 396
Telheiro
A 22
N 270
Loulé
São Brás de Alportel
erreiras
N 125
M 526
Santa Bárbara de Nexe
Falesia Beach
Almancil
Igreja de São Lourenço
Quarteira
IC 4
Praia de Faro
Faro
ATLANTISCHER OZEAN
Ilha de Faro
Ilha da Barreta
0
4
8 km

VON FARO NACH CARVOEIRO

- **Strecke: 80 km (2 Std. reine Fahrzeit)**
- **1.30–2.30 Std. mit dem Bus (umsteigen in Lagoa)**
- **Busse fahren zu den Sehenswürdigkeiten**

PRAIA DA FALÉSIA

Albufeira

Einer der schönsten Strände der Algarve mit ockerfarbenen und goldenen Klippen. Beliebt wegen des ruhigen Meeres und der vielfältigen Wassersportmöglichkeiten. Im Sommer überfüllt!

ALBUFEIRA

Sonnenbäder und viele Menschen im touristischsten Badeort Portugals. Weiße Altstadt, herrliche Strände, jede Menge Freizeitangebote und laute Diskotheken.

SAPORI DI GELATO

Albufeira

»Der Tempel für handgemachtes Eis und Sorbet in Albufeira! Außerdem Crêpes, Milchshakes und heiße Getränke. Ideal für die ganze Familie.«

Av. 25 de Abril 43. | *tgl. 12–1 Uhr*

PRAIA DA GALÉ

Ein sehr schöner Badeplatz mit feinem Sandstrand und Felsen. Dazu eine Fülle von Aktivitäten, um sich im Wasser zu vergnügen: Paddeln, Jetski, Surfen, von Booten gezogene Reifen.

CAPELA DE NOSSA SENHORA DA ROCHA *Porches*

Eines der Schmuckstücke der Gegend. Eine kleine, weiß gekalkte romanische Kapelle, die hübsch auf einem ins Meer ragenden Felsvorsprung steht. Zeitlos und fotogen.

TOUR
3
N 267
IC1
M 510
N 2
M 502
M 542
Alte
N 124
N 124
N 124
Silves
A 2
N 270
M 524
Querença
Tunes
Algoz
Paderne
M 524
M 523
Loulé
Lagoa
Porches
Boliqueime
N 270
A 22
Ferreiras
N 125
N 125
Carvoeiro
Capela
de Nossa
Senhora
da Rocha
Praia
da Galé
Albufeira
Praia
da Falésia
Almancil
Quarteira
N 125
Faro
ATLANTISCHER
OZEAN
0
5
10 km

ETAPPE 2 CARVOEIRO

Ein ehemaliges Fischerdorf, das in einen kleinen Badeort umgewandelt wurde. Hier hält man an, um die herrliche Küste mit ihren goldenen Klippen, Buchten mit türkisfarbenem Wasser und paradiesischen Stränden zu erkunden.

- **Parken ist im Sommer schwierig. Versuchen Sie es auf der Estrada do Farol.**
- **Holzsteg entlang der Klippen, um zu Fuß nach Algar Seco zu gelangen**

HIGHLIGHTS

- A Praia do Carvoeiro
- B Bootsfahrt auf dem Meer
- C Algar Seco
- D Tauchzentrum

ADRESSEN

1. A Boneca
2. Le Crô Portugal
3. Earth Shop & Café

TOUR 3
Tauchzentrum D
Rampa Mato Serrão
Rua dos Pecadores
Rua do Barranco
Rua dos Escondidinho
Rua Manuel Alfonso Maia
Escadinhas de Povo do Burro
R. dos Combatentes
Rua do Cerro
Rua do Povo do Burro
LARGO DA PRAIA
Estrada do Farol
Rua do Casino
Rua do Paraiso
Rua da Escola
Sra. da Encarnação
Rampa
A Praia do Carvoeiro
Bootsfahrt auf dem Meer B
R. Cerro dos Pios
Rua das Amoreiras
Rua das Flores
Startpunkt nach Algar Seco
Forte de Nossa Senhora da Encarnação
Estrada do Algar Sêco
C Algar Seco
100 m

CARVOEIRO HIGHLIGHTS

A PRAIA DO CARVOEIRO

Weiße Häuser mit Blick auf eine goldene Bucht, die sich an die Klippen schmiegt, und bunte Boote, die auf dem Sand liegen. Der kleine Strand bietet eine idyllische Kulisse!

B BOOTSFAHRT AUF DEM MEER

Am Strand von Carvoeiro nehmen Sie die Fischer mit auf eine Fahrt in einem kleinen Boot, um Höhlen und Buchten mit weißem Sand zu entdecken, die von Land aus nicht zu erreichen sind.

C ALGAR SECO

Estrada do Algar Seco

Wunderschöner Ort, der vom Meer geformt wurde und zu Fuß erkundet werden kann: spektakuläre Felsformationen mit bizarren Konturen, Höhlen, Tunnel und Treppen, die in den Fels gehauen wurden.

D TAUCHZENTRUM

www.divers-cove.com

Staunen Sie über Riffe, erkunden Sie Höhlen und Wracks, die Zufluchtsorte für alle Arten von Meerestieren sind: Die Unterwasserwelt der Algarve bietet schöne Erlebnisse.

CARVOEIRO ADRESSEN

TOUR 3

1 A BONECA

• Bar-Restaurant in den Felsen von Algar Seco.
• Herrlicher Blick auf das Meer, ideal bei Sonnenuntergang.
Am südöstl. Ende der Estrada do Algar Seco | April–Okt. tgl. 10–24 Uhr

2 LE CRÔ PORTUGAL

• Weine, hausgemachte Tapas, gesunde Salate, Fruchtsäfte.
• Kleiner Raum, die Tische sind schnell besetzt.
Estrada do Farol 77 | Mo–Sa 12–14.30, 18.30–22 Uhr

3 EARTH SHOP & CAFÉ

»Ich mag diesen großen Coffeeshop mit Blick auf den Ozean sehr. Perfekt für ein gutes Frühstück oder ein schnelles Mittagessen nach dem Strand.«
Rua das Flores 1 | tgl. 8.30–17.30 Uhr

TAGESAUSFLUG VON CARVOEIRO

PFAD DER SIEBEN HÄNGENDEN TÄLER

- **Wanderung vom Praia do Vale Centeanes aus, 2 km östl. von Carvoeiro**
- **Auch zu Fuß über die Estrada do Farol oder via Algar Seco (über den Küstensteg) zu erreichen**

PFAD DER SIEBEN HÄNGENDEN TÄLER

6 Std. (hin und zurück, 11,5 km) mit Stopps zum Fotografieren und Baden. Empfohlene Wanderung im Frühling und Herbst.

Eine der schönsten Wanderungen an der Algarve! Ein magischer Weg über den Wellen, entlang der Klippen, zwischen geheimen Buchten, Meereshöhlen und goldenen Felsen im kristallklaren Wasser. Die Landschaft ist von Anfang bis Ende außergewöhnlich, mit atemberaubenden Panoramen. Leichter Schwierigkeitsgrad, aber die Hitze im Sommer kann unerträglich sein (Wasser und Picknick nicht vergessen).

TOUR 3

ALGAR DE BENAGIL

Bootsausflüge von den umliegenden Stränden aus

Die berühmte **Benagil-Höhle** ist ein beliebtes Postkartenmotiv an der Algarve. Ein geologisches Wunder, das nur mit dem Boot oder, noch besser, mit dem Kajak zugänglich ist.

PRAIA DA MARINHA

Das Highlight nach der Wanderung! Ein Juwel aus weißem Sand, smaragdgrünem Wasser und goldenen Klippen, die wunderschön geformt sind. Ruhiges Meer, ideal zum Schnorcheln.

VON CARVOEIRO NACH LAGOS

- **Strecke: 40 km (1.15 Std. reine Fahrzeit)**
- **2 Std. Busfahrt (über Portimão)**
- **Busse fahren zu den Sehenswürdigkeiten**

PORTIMÃO

Dieser Sardinenhafen an der Mündung des Arade bietet eine maritime Atmosphäre, eine Konservenfabrik aus dem 19. Jh., die heute ein Museum ist, und den Duft von gegrilltem Fisch.

PRAIA DA ROCHA

Wunderschöner Strand mit einer Reihe von Buchten, die von ockerfarbenen Klippen gesäumt sind. Einer der schönsten Naturschauplätze der Algarve und ein viel besuchter Ort.

TOUR 3

ALVOR

Schlendern Sie durch die charmanten Gassen dieses Fischerorts, genießen Sie den feinen Sandstrand und machen Sie einen Spaziergang zwischen Dünen und Lagunen im Naturschutzgebiet.

TABERNA ZÉ MORGADINHO

Alvor

- Ehemalige Hütte eines Fischers.
- Gegrillte Sardinen und Salat Algarve stehen auf der Speisekarte.

Largo da Ribeira. | tgl. 12–23 Uhr

ETAPPE 3 LAGOS UND SEINE STRÄNDE

Lagos, ein ehemaliger Hafen aus dem Zeitalter der Entdeckungen, ist ein liebenswerter Badeort mit hübschen Gassen, in denen Street-Art neben Barockkirchen zu finden ist, und einer wunderschönen Küste.

- **Im Zentrum von Lagos ist man am besten zu Fuß unterwegs**
- **Der Bus 2 (blaue Linie) fährt vom Stadtzentrum aus zu den Stränden in der Umgebung**

SEHENSWERTES

1 Lagos
2 Südlich von Lagos

TOUR
3
Meia Praia
LAGOS
Av. dos Descobrimentos
Mercado de Escravos
Igreja de Santo António
Museu Municipal
Fortaleza da Ponta da Bandeira
ATLANTISCHER OZEAN
N 125
1 Lagos
Praia dos Estudantes
N 125
AMEIJEIRA
Praia do Pinhão
R. Santa Casa da Misericórdia de Lagos
2 Südlich von Lagos
Est. de Porto de Mós
Praia de Dona Ana
TORRALTA
Praia do Camilo
M 536
Praia dos Pinheiros
Praia do Canavial
Praia da Balança
Ponta da Piedade
400 m

LAGOS UND SEINE STRÄNDE

1 LAGOS

Nehmen Sie bei Tag und bei Nacht teil am bunten Treiben in der Altstadt und überqueren Sie den Fluss Bensafrim, um an dem riesigen Strand von Meia Praia zu entspannen.

- **Gebührenpflichtige Parkplätze im Zentrum, weitere Parkplätze in der Nähe des Bahnhofs, in der Avenida dos Descobrimientos und gegenüber der Festung an der Hafeneinfahrt**
- **Nehmen Sie den Bus Nr. 2 zum Strand von Meia Praia**

SEHENSWERTES

- A Altstadt
- B Fortaleza da Ponta da Bandeira
- C Museu Municipal
- D Mercado de Escravos
- E Meia Praia

RESTAURANTS

1. Casinha do Petisco
2. Sweet & Temptation
3. Bora Café
4. Arribalé
5. A Forja
6. Reis
7. Casa do Prego

AUSGEHEN

8. The Garden
9. Bon Vivant
10. Red Eye Bar
11. Grand Café

TOUR
3
Rua do Cemitério
R. da Capelinha
São Sebastião
R. Cons. J. Machado
R. dos Ferreiros
R. Dr. F. e Silva
R. Portas de Portugal
Avenida dos Descobrimentos
Estrada de São
Câmara Municipal
PR. G. EANES
Meia Praia
E
R. Dr. J. de Almeida
Rua da Bola
Jogo
PR. L. DE CAMOES
R. Garret
R. A. Almeida
R. M. de Pombal
Rua do Paiol
R. da Barroca
Embarcadère
Rua R. A. B. Viana
Rua Netto
R. de 25 Abril
Rua 1° de Sagres
Rua Inf.
R. da Extrema
R. M. de
Rua Cândido dos Reis
R. Dr. J. Tello
R. da S. da Graça
R. Hospital J. de Deus
R. da Oliveira
Maio
ALT-STADT
A
R. Soeiro da Costa
D Mercado de Escravos
R. Silva Lopes
PRAÇA DO INFANTE
Santa Maria
R. L. de Azevedo
R. dos Cast. dos Governadores
R. J. Bonança
Rua Gil Vicente
Rua de Freitas
Igreja de Santo António
C Museu municipal
R. Lançarote
Porto
R. Cardenal Neto
Trav. do Forno
R. 5 de Outubro
R. Gen. A. de Silveira
R. do Jardim
Mendonça
Bombarda
B
Fortaleza da Ponta da Bandeira
PR. J. DE DEUS
R. Dr.
R. San José
Rua M.
200 m
L. DAS PORTAS DA VILA
Praia da Batata

LAGOS UND SEINE STRÄNDE

1 LAGOS SEHENSWERTES

A ALTSTADT

Die Gassen und Plätze der Altstadt von Lagos, die von einer Stadtmauer aus dem 16. Jh. umgeben ist, laden zu einem schönen Spaziergang ein. Die Atmosphäre ist freundlich und kosmopolitisch.

B FORTALEZA DA PONTA DA B.

Cais da Solaria | Di–So | Eintritt

Kleine **Festung**, die im 17. Jh. zum Schutz des Hafens errichtet wurde, der durch das Erdbeben von 1755 zerstört wurde. Kapelle und Ausstellungen über die großen Entdeckungen und zur Kunst.

C MUSEU MUNICIPAL

Rua General Alberto da Silveira | Di–So | Eintritt

Die Kirche St. Antonius, ein barockes Wunderwerk aus Gold und Azulejos, ist nur über das **Stadtmuseum** zu erreichen, das ein Sammelsurium von Gegenständen und Kunstwerken ist.

D MERCADO DE ESCRAVOS

Praça do Infante | Mo–Sa | Eintritt

In diesem Arkadenhaus war ab den 1440er-Jahren, als Lagos der Ausgangshafen für afrikanische Entdeckungsreisen war, der erste Sklavenmarkt Europas untergebracht. Ausstellung.

E MEIA PRAIA

Östl. vom Hafen

4 km Sandstrand zum Faulenzen, Restaurants und Strandbars, Sonnenschirmverleih und die ganze Palette der Wassersportarten: Verleih von Windsurf-, Kitesurf- und Jetski-Ausrüstung.

 Die jeweiligen Öffnungszeiten finden Sie im Register ab S. 230.

TOUR
3

LAGOS UND SEINE STRÄNDE

1 LAGOS RESTAURANTS

1 CASINHA DO PETISCO

- Hausmannskost.
- *Cataplanas*, Steak mit Pilzen.

Rua da Oliveira 51 | tgl. 17.30–23 Uhr

2 SWEET & TEMPTATION

- Salzige oder süße Pause: Toast, Sandwiches, Crêpes und Cocktails.
- Charmanter und ruhiger Ort.

Rua Marreiros Netto 57 | Mo–Sa 9–18.30 Uhr

3 BORA CAFÉ

- Gemütliche Atmosphäre.
- Frische Fruchtsäfte, Salate, Tapas, Sandwiches.

Rua Conselheiro Joaquim Machado 17 | tgl. 9–20 Uhr

4 ARRIBALÉ

- Kleines, gemütliches Restaurant.
- Tapas, Salate, gegrillter Fisch und Fleisch.

Rua da Barroca 40 | Mo–Sa 19–23 Uhr

5 A FORJA

- Typische und beliebte portugiesische Kantine.
- Einfache und deftige Küche.

Rua dos Ferreiros 17 | So–Fr 12–15, 18.30–22 Uhr

6 REIS

- Für die ganze Familie.
- *Cataplana*, Schweinefleisch mit Venusmuscheln, Seezunge mit Mandeln.

Rua António Barbosa Viana 21 | Mo–Sa 12–15, 18–22 Uhr

7 CASA DO PREGO

- Ein gutes Lokal für Fleisch- und Thunfischliebhaber.
- Rooftop, um die Sommerabende zu genießen.

Rua Lançarote de Freitas 18 | tgl. 13–22 Uhr

LAGOS UND SEINE STRÄNDE

1 LAGOS AUSGEHEN

8 THE GARDEN

• Charmanter Garten in der Stadt, entspannte Atmosphäre.
• Cocktails und Grillgerichte.
Rua Lançarote de Freitas | tgl. 13–24 Uhr

9 BON VIVANT

• Eine echte Partybar im Sommer.
• Drei Stockwerke, drei Stimmungen, Dachterrasse und Cocktails. Spät kommen!
Rua 25 de Abril 105 | tgl. 10–4 Uhr

10 RED EYE BAR

• Das Hauptquartier für Surfer. Nette Atmosphäre.
• Musik, Billard, Darts und günstige Preise.
Rua Cándido dos Reis 63 | tgl. 20–1 Uhr

11 GRAND CAFÉ

• Angesagter Club in der Altstadt.
• Ausgezeichnete DJs, immer gute Stimmung.
Rua da Senhora da Graça | tgl. 0–4 Uhr

LAGOS UND SEINE STRÄNDE

2 SÜDLICH VON LAGOS

Die zerklüftete Küste südlich von Lagos bietet wunderschöne Buchten und überraschende Felsformationen, die aus dem türkisfarbenen Wasser ragen.

- **Von Lagos aus mit dem Bus 2 (Richtung Praia de Porto de Mós) zum Praia de Dona Ana und dann zu Fuß zu den anderen Orten**
- **Mit dem Touristenzug vom Jachthafen in Lagos nach Ponta da Piedade**

PRAIA DE DONA ANA

Klares, ruhiges Wasser und zerklüftete Felsen. Diese fotogene kleine Bucht, die sich an die Klippen schmiegt, ist einer der schönsten Strände der Algarve. Die Kehrseite der Medaille: Im Sommer scheint es fast unmöglich zu sein, hier sein Handtuch auszubreiten.

PRAIA DO CAMILO

200 Stufen führen zu dieser bezaubernden kleinen, muschelförmigen Bucht mit goldfarbenem Sand und den kleinen Tunneln, die das Meer in die Klippen gegraben hat. Wie ihre Nachbarin ist sie sehr beliebt.

PONTA DA PIEDADE

Ein umwerfender Anblick mit goldenen Sandsteinklippen, Bögen, Höhlen und Felsen, die aus dem türkisfarbenen Wasser ragen. Dieser wunderschöne Felsvorsprung, der die Bucht von Lagos abschließt, ist ein Juwel der portugiesischen Küste. Ein Leuchtturm vervollständigt das Postkartenmotiv. Entdecken Sie die Klippen zu Fuß (erhabener Blick auf das Meer) oder vom Meer aus: Wenn Sie vom Parkplatz aus die Stufen hinuntergehen, warten kleine Fischerboote. Sie können aber auch in Lagos starten (Av. dos Descobrimientos).

KAJAKTOUR AN DER KÜSTE

kayakadventureslagos.com

Mit dem Kajak an wunderschönen Felsformationen vorbeifahren, Meereshöhlen erforschen und kleine Buchten aufspüren, mit einer schönen Bade- und Schnorchelpause.

TOUR
3

VON LAGOS NACH ODECEIXE

- **Strecke: 121 km (2.35 Std. reine Fahrzeit)**
- **1.20 Std. mit dem Bus**
- **Der Bus fährt zu den Sehenswürdigkeiten (außer Torre de Aspa und Praia do Monte Clérigo)**

FORTALEZA DE SAGRES

Eintritt

Beeindruckende **Festung** auf einem windgepeitschten Felsvorsprung. Atemberaubende Ausblicke. 1460 starb hier Heinrich der Seefahrer, Initiator der portugiesischen Entdeckungsreisen im 15. Jh.

CABO DE SÃO VICENTE

Verpassen Sie nicht das »Ende der Welt«, den südwestlichen Zipfel Europas! Das **Kap** bietet von seinen 80 m hohen Klippen einen umwerfenden Blick auf den Ozean.

TORRE DE ASPA

2 km nach Vila do Bispo (Richtung Praia do C.) dem li. Weg folgen

Den **Aussichtspunkt**, der mit 156 m der höchste Punkt an der Küste ist, erreicht man zu Fuß von Vila do Bispo in 1 Std. Der Blick auf den Ozean und das Cabo de São Vicente ist atemberaubend.

CARRAPATEIRA

Kleines Dorf mit weißen Häusern. Mit den mächtigen Wellen am Praia do Amado ein Basislager für Surfer. Und der wunderschöne Praia da Bordeira ist in Reichweite!

MICROBAR

Carrapateira

- Burger, Sandwiches, vegetarische Gerichte.
- Am dem zentralen Dorfplatz.

Largo do Comercio | tgl. 10–22 Uhr

ALJEZUR

Hübsches Dorf mit einer Burgruine. Strategisch günstig gelegen, um wunderschöne Strände zu erreichen: Arrifana mit seinen schwarzen Felsen oder Amoreira mit seinem Fluss, der ins Meer mündet.

PRAIA DO MONTE CLÉRIGO

Großer und schöner **Strand**, der bei Familien (bei Ebbe kleine Lagune zum Planschen) und Surfern beliebt ist. Auf den Klippen steht ein kleines Dorf mit weißen und rosafarbenen Häusern.

TOUR
3
ATLANTISCHER OZEAN
Odemira
Mira
M 502
N 120
N 266
São Teotónio
Naturpark Sudoeste Alentejano e Costa Vicentina
M 501
Praia de Odeceixe
Odeceixe
Praia da Amoreira
N 120
Seixe
N 266
Praia do Monte Clérigo
N 267
Alferce
Monchique
Aljezur
Aljezur
Marmelete
N 267
Praia da Arrifana
Arrifana
Serra de Monchique
N 120
Serra do Espinhaço e Cão
N 268
N 266
Praia da Bordeira
Carrapateira
A 22
Praia do Amado
N 125
Bensafrim
Costa Vicentina
A 22
Odiáxere
Portimão
Lagoa
Barão de São João
Alvor
N 268
Carvoeiro
Praia da Rocha
Praia do Castelejo
N 125
Lagos
Torre de Aspa
Vila do Bispo
Luz
Burgau
N 268
Cabo de São Vicente
Sagres
Fortaleza de Sagres
0
5
10 km

ETAPPE 4 ODECEIXE

Abseits der Massen, an der Grenze zwischen Algarve und Alentejo, ist Odeceixe ein kleines, fast unberührtes weißes Dorf mit Blick auf den Fluss Seixe, der 4 km weiter ins Meer mündet.

- **Von Juni bis Sept. Verbindung zwischen Zentrum und Strand mit einem kleinen Touristenzug (*comboio turístico*, Abfahrt alle 30 Min.)**
- **Den Strand kann man zu Fuß bei einem schönen Spaziergang am Fluss entlang erreichen**
- **Kostenlose Parkplätze am Strand**

TOUR 3

HIGHLIGHTS

- A Das Dorf
- B Moinho de vento
- C Praia de Odeceixe
- D Surfen lernen

ADRESSEN

- 1 Taberna do Gabão
- 2 Chaparro
- 3 Altinho
- 4 Bar da Praia
- 5 Dorita

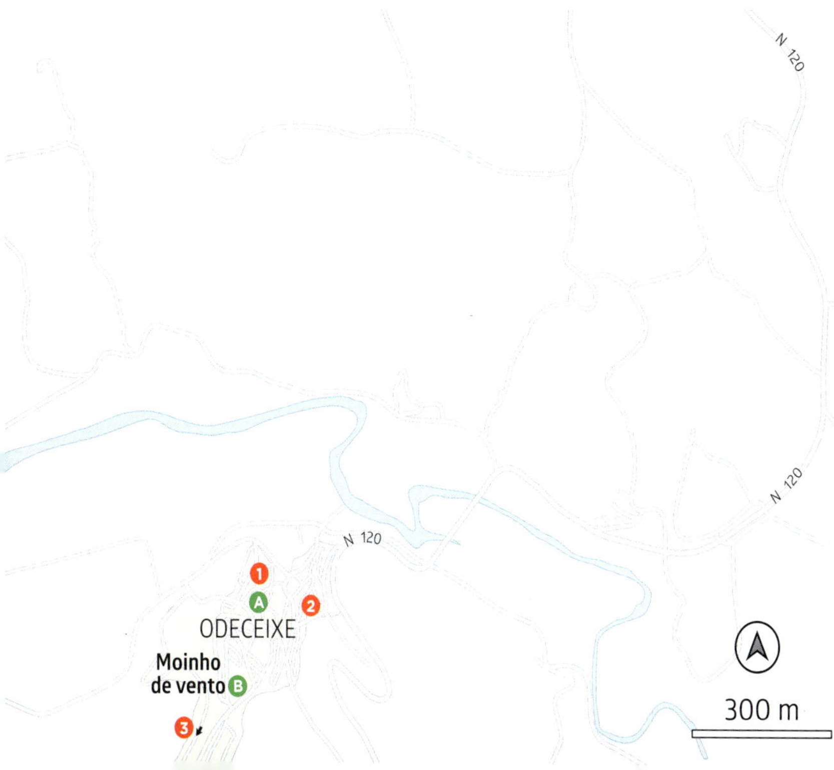

ODECEIXE HIGHLIGHTS

A DAS DORF

Gepflasterte Gassen, die sich schneckenförmig am Hang entlang winden, weiße Häuschen mit blau, rosa oder gelb umrandeten Fenstern und kleine Treppen: ein bezaubernder Spaziergang.

B MOINHO DE VENTO

Das Wahrzeichen von Odeceixe! Die hübsche **Windmühle** ist sehr fotogen und der perfekte Ort, um die sanft geschwungene Landschaft bei Sonnenuntergang zu betrachten.

C PRAIA DE ODECEIXE

Ein wunderschöner Strand! Auf der einen Seite die Wellen des Ozeans, auf der anderen das ruhige Wasser des Flusses (ein echtes Planschbecken für Kinder!) und in der Mitte eine Sandbank.

D SURFEN LERNEN

www.odeceixesurfschool.com

Der Strand von Odeceixe bietet gute Bedingungen für Surfanfänger. Nutzen Sie die Gelegenheit und nehmen Sie einen Kurs bei der Odeceixe Surf School, die direkt am Strand angesiedelt ist.

ODECEIXE ADRESSEN

TOUR 3

1 TABERNA DO GABÃO

- Das beste Restaurant in Odeceixe.
- Alentejanische Spezialitäten.

Rua do Gabão 9 | Mi–Mo 12.30–15, 19–23 Uhr

2 CHAPARRO

- Gerichte aus dem Alentejo, gegrillter Fisch und Fleisch.

Rua da Estrada Nacional | tgl. 12–22.30 Uhr

3 ALTINHO

»Sehr frische Produkte, gute regionale Weine. Ich liebe dieses Restaurant mit seinen portugiesischen Tapas.«

Rua 25 de Abril 151 B | Mo–Sa 12–14.30, 18–22.30 Uhr

4 BAR DA PRAIA

- Strohhütten-Ambiente, Top-Sicht auf den Strand.
- Suppen, Salate, Tagesgerichte.

Rua do Posto | Sommer tgl. 10–22 Uhr

5 DORITA

- Terrasse mit Meerblick.
- Auswahl an Fleisch- und Fischgerichten.

Praia de Odeceixe | April–Okt. Di–So 12–22 Uhr

ROTA VICENTINA

WANDERUNG AN DER VICENTINISCHEN KÜSTE

- **Zwei Optionen von Odeceixe aus; Tourenbeschreibung unter www.rotavicentina.com**
- **Außerhalb der Saison empfohlen. Juli/Aug. meiden (große Hitze); Wasser und Verpflegung mitnehmen!**

ROTA VICENTINA

Vom Cabo de São Vicente bis Santiago do Cacém verläuft die Rota Vicentina auf 445 km Wanderwegen im Herzen des Naturparks Sudoeste Alentejano e Costa Vicentina. Sie besteht aus dem **Trilho dos Pescadores** (fünf Etappen und vier Rundwege, 125 km) und dem **Caminho Histórico** (zwölf Etappen, 230 km). In Odeceixe hat man die Wahl zwischen einer Wanderung auf der Meerseite oder auf der Landseite.

TRILHO DOS PESCADORES

Wanderung am Meer auf dem Fischerpfad

Die Küste im Südwesten Portugals, eine der schönsten Europas, kann nur zu Fuß erkundet werden. Die anstrengende, sehr sandige Route führt an den Klippen entlang und erlaubt außergewöhnliche Ausblicke. Von Odeceixe aus kann man einen Teil des Weges bis zum hübschen Fischerhafen Azenha do Mar (2.15 Std. hin und zurück) oder eine ganze Etappe bis Zambujeira do Mar (7 Std., zurück mit dem Taxi) gehen.

CAMINHO HISTÓRICO

Landseitige Wanderung auf dem Historischen Weg

Der Historische Weg, der zu Fuß oder mit dem Mountainbike (leichter Schwierigkeitsgrad) bewältigt werden kann, ist eine Tour im Landesinneren, auf der man den weniger bekannten Teil der Region erkunden kann. Die Route Odeceixe – São Teotónio in Richtung Norden garantiert einen schönen Tag auf Wegen mit üppiger Vegetation, zwischen Bächen, Hügeln und tiefen Tälern.

TOUR
3
ATLANTISCHER OZEAN
M 1158
M 502
M 502
M 502-1
M 502-2
Sardanito
Zambujeira do Mar
Vale de Figueira
São Teotónio
Praia do Carvalhal
Naturpark Sudoeste Alentejano e Costa Vicentina
Trilho dos Pescadores
M 501
N 120
Praia da Amália
Brejão
Cabeço da Arvéloa
Caminho Histórico
Azenha do Mar
N 120
Praia de Odeceixe
Odeceixe
N 120
Seixe
M 1002
0
1
2 km

TAGESAUSFLUG VON ODECEIXE

CABO SARDÃO

UND DIE ALENTEJANISCHE KÜSTE

- **Strecke (hin und zurück): 127 km (2.15 Std. reine Fahrzeit)**
- **Sehenswürdigkeiten mit dem Bus erreichbar. Für das Cabo Sardão: In Cavaleiro aussteigen und dann 15 Min. zu Fuß.**

CABO SARDÃO

Spektakuläre Klippen, in denen die Störche ihre Nester gebaut haben. Schwindelerregende Wände und das sprudelnde Wasser des Atlantiks – ein atemberaubend schöner Ort!

VILA NOVA DE MILFONTES

Eine kleine Festung mit Blick auf die Mündung des Rio Mira, weiße Häuser, Restaurants am Wasser und schöne Sandstrände – ein charmanter Badeort.

PORTO DAS BARCAS

Vila Nova de Milfontes

- Gute lokale Küche.
- Kleine Terrasse auf den Klippen mit Meerblick.

Estrada do Canal | Mi–Mo 12–22 Uhr, Sommer tgl.

PORTO COVO

Ein verführerisch hübsches Fischerdorf, das mit seinen kleinen weiß-blauen Häusern und den gepflasterten Gassen auf einer Klippe thront. Schöne Sandstrände in der Nähe.

TOUR
3
Santo André
A 26
M 541
A 2
Santiago
do Cacém
N 120
R 261
N 121
N 121
Ermidas
do Sado
A 26
N 261
Sines
Alvalade
IC 4
N 120
N 262
N 262
Porto Covo
IC 1
CM 1072
ATLANTISCHER
OZEAN
Cercal
N 390
N 389
Vila Nova
de Milfontes
Naturpark
Sudoeste
Alentejano e
Costa Vicentina
N 263
Praia de
Almograve
M 503
N 123
Cabo Sardão
Odemira
Cavaleiro
Mira
N 120
Zambujeira do Mar
São Teotonio
M 501
IC 1 E 1
Azenha do Mar
Odeceixe
N 266
0
5
10 km

VON ODECEIXE NACH FARO

- **Strecke: 140 km (2.20 Std. reine Fahrzeit)**
- **3.20–4 Std. mit öffentlichen Verkehrsmitteln**
- **Sehenswürdigkeiten mit dem Bus erreichbar**

MONCHIQUE

Kleinstadt in der gleichnamigen Serra. Machen Sie hier halt wegen der manuelinischen Kirche, den gepflasterten Gassen, dem Honig und den Kunsthandwerksläden.

O LUAR DA FÓIA

Monchique

- Gute traditionelle Küche.
- Außergewöhnlicher Blick ins Tal.

Estrada da Fóia | Di–So 10–22 Uhr

TOUR 3

CASTELO DE SILVES

Eintritt

Beeindruckende maurische **Festung** mit herrlichen roten Sandsteinmauern, von denen aus man über die Dächer von Silves blickt, eine hübschen Stadt auf einem Hügel inmitten von Orangenbäumen.

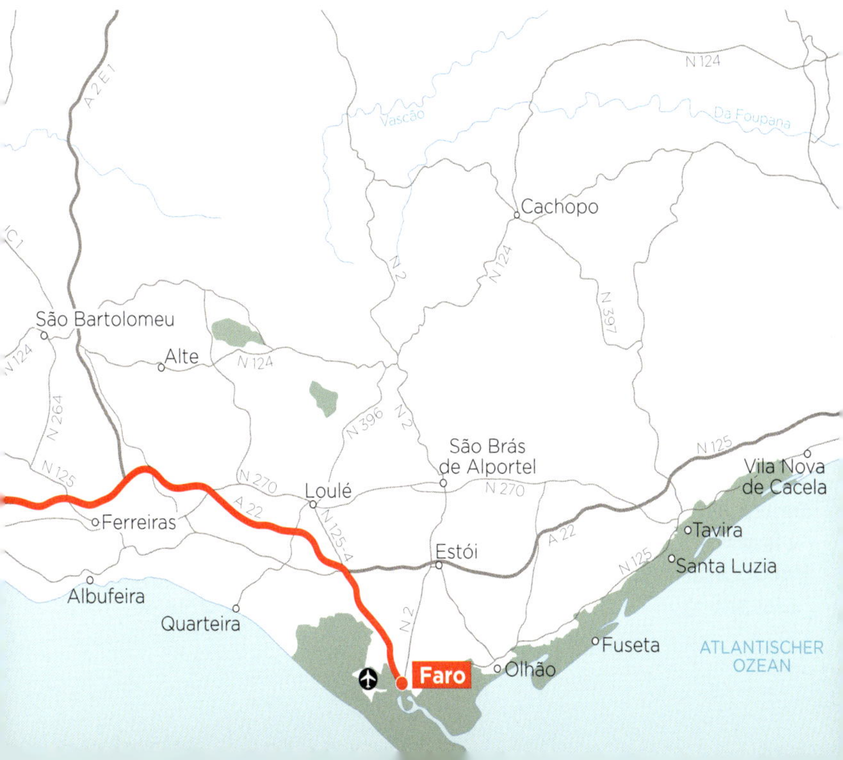

REGISTER

D–E

F

G–H

I

N–O

P

Q-R

S

BILDNACHWEIS

Adobe Stock
15, 21, 22, 24, 27 (o), 28 (oM, ul), 30, 33, 34 (ol, or, u), 38 (o, u), 39 (o, ur), 41, 44, 46, 47, 51, 52, 60, 65, 67, 68, 70 (u), 72, 74, 76 (M), 78, 81, 82, 84, 86 (u), 90, 92 (u), 94 (M), 97, 113, 120–121, 126 (o), 126 (M), 130 (M), 132, 134, 136, 139, 140, 142, 144, 146 (u), 148, 150, 152 (M), 156, 158, 160, 162, 163, 164, 166, 168, 170, 172, 174, 177, 179, 182, 184, 188, 190, 192, 194, 196 (u), 198, 200, 202, 205, 208, 212–213, 217, 218, 221, 222, 224, 226, 229.

Shutterstock
11, 13, 32 (ol), 34 (oM), 38 (M), 39 (ul), 50, 54, 55, 58, 70 (M), 76 (o, u), 77, 86 (o), 88, 91, 94 (u), 98, 99, 105, 106 (o), 112, 114 (o), 116 (u), 118, 124, 128, 130 (o, u), 137, 146 (M), 152 (o), 153, 161, 167, 173, 179 (u), 185, 187, 196 (o), 203 (M), 207, 210, 214, 215.

Getty Images
© Mauricio Abreu 6, © Roetting / Pollex / LOOK-foto 28 (ur), © Sabine Lubenow 191.

Mauritius Images
Jeffrey Isaac Greenberg 5+/Alamy/Alamy Stock Photos 114 (M), Dov makabaw/Alamy/Alamy Stock Photos 116 (o), Sergio Azenha/Alamy/Alamy Stock Photos 155.

Hemis.fr
© Jon Arnold Images 37, 92 (M), © Blanchot Philippe 203.

AgeFotostock
Juergen Held 215.

Natasha Penot
25 (u), 28 (or), 33 (ul, uM), 36, 37 (l), 106 (M), 107 (o, M), 108 (M, u), 109, 115 (o), 116 (M), 117 (o, M), 122 (o, M), 126 (u), 127 (u).

Jérôme Plon
25 (o, M), 26, 27 (u), 28 (uM), 49 (o, u), 61, 69 (o, u), 85, 145.

Patrice Hauser
127 (o).

Für die Bereitstellung dankt der Verlag
© Quinta Nova Nossa Senhora do Carmo SA 27 (or).
© Taberna do Largo/Rui Pinheiro 48.
© Café Santiago 56.
© O Pitéu da Graça 115 (M).
© Santa Clara dos Cogumelos 115 (u).
© Vasco Célio 186 (M).
© Faz Gostos/José Ferreira 186 (u).
© Víctor Abendaño pour Bar da Praia Odeceixe 223.

Die französische Originalausgabe mit dem Titel »Simplissime Portugal – le guide de voyage le + pratique du monde « erschien erstmals 2019 bei Hachette Livre (Hachette Tourisme) in Vanves, Frankreich.

Autorinnen: Natasha Penot und Sabrina Pessanha Foucaud
Kartografie: Frédéric Clémençon, Aurélie Huot
Grafische Gestaltung des Innenlayouts und des Umschlags sowie Layout: Studio HelloÉlo
Leiter der Buchreihe: Jean-François Mallet

Verantwortlich: Claudia Hohdorf
Übersetzung: Thomas Rath
Redaktion: booklab
Korrektorat: Ulla Thomsen
Satz: booklab
Repro: LUDWIG:media
Herstellung: Alexander Knoll
Printed in Slovenia by Florjancic

ISBN 978-3-7343-2495-6

★★★★★

Sind Sie mit diesem Titel zufrieden? Dann würden wir uns über Ihre Weiterempfehlung freuen.
Erzählen Sie es im Freundeskreis, berichten Sie Ihrem Buchhändler, oder bewerten Sie bei Onlinekauf. Und wenn Sie Kritik, Korrekturen, Aktualisierungen haben, freuen wir uns über Ihre Nachricht an Bruckmann Verlag, Postfach 40 02 09, D-80702 München oder per E-Mail an lektorat@verlagshaus.de

Unser komplettes Programm finden Sie unter www.bruckmann.de

Alle Angaben dieses Werkes wurden von den Autorinnen sorgfältig recherchiert und auf den neuesten Stand gebracht sowie vom Verlag geprüft. Für die Richtigkeit der Angaben kann jedoch keine Haftung übernommen werden, weshalb die Nutzung auf eigene Gefahr erfolgt. Insbesondere bei GPS-Daten können Abweichungen nicht ausgeschlossen werden. Sollte dieses Werk Links auf Webseiten Dritter enthalten, so machen wir uns die Inhalte nicht zu eigen und übernehmen für die Inhalte keine Haftung. In diesem Buch wird aus Gründen der besseren Lesbarkeit das generische Maskulinum verwendet. Weibliche und anderweitige Geschlechteridentitäten werden dabei ausdrücklich mitgemeint, soweit es für die Aussage erforderlich ist.

Die Deutsche Nationalbibliothek verzeichnet diese Publikation in der Deutschen Nationalbibliografie; detaillierte bibliografische Daten sind im Internet über http://dnb.d-nb.de abrufbar.